# Kleine Aquarien
## faszinierend & farbenprächtig

> Autor: Ulrich Schliewen | Fotos verschiedener Tierfotografen

# Inhalt

## Kennenlern-Programm

- 6 Artenvielfalt und natürlicher Lebensraum
- 8 Beliebte Freiwasserfische
- 9 Tabelle: Gruppenfische des Freiwassers
- ➤ **10 Freiwasserfische im Porträt**
- 12 Beliebte Boden-, Oberflächen- und Revierfische
- ➤ **14 Boden-, Oberflächen- und Revierfische im Porträt**
- 16 Beliebte Zwerge und Spezialisten
- ➤ **18 Zwerge und Spezialisten im Porträt**
- ➤ **20 Special »Frage & Antwort«** Fragen rund um die Artenvielfalt

## Fit-und-gesund-Programm

- 38 Wasserkontrolle und Wasserpflege
- 38 Der Teilwasserwechsel sorgt für Gesundheit
- 39 Regelmäßige Filterpflege
- 40 Futtervorrat das ganze Jahr
- 40 Lebendfutter selbst züchten
- 41 Checkliste: Fütterungsregeln
- 42 Die häufigsten Krankheiten
- 43 Infektionskrankheiten
- ➤ **44 Soforthilfe bei Pannen**
- 45 Vergiftungen
- ➤ **46 Special »Frage & Antwort«** Fragen rund um Pflege und Krankheiten

## Artgerechte Unterbringung

- 24 Die richtige Technik
- 24 Das Becken
- 24 Der Filter
- 25 Checkliste: Grundausstattung
- 26 Der Oxidator
- 26 Die Heizung
- 27 Die Beleuchtung
- 27 Tipp: Alternative Beckenformen
- 28 Die Wasserqualität
- 30 Gesundes Futter für kleine Fische
- 31 Checkliste: Futterqualität
- ➤ **32 Verhaltensdolmetscher**
- ➤ **34 Special »Frage & Antwort«**
  Fragen rund um die Technik

## Gestaltungs-Programm

- 50 Ansprechend gestalten
- 50 Einrichtung
- 50 Checkliste: Pflanzenpflege
- 51 Pflanzen
- 52 Einsteiger-Aquarium einrichten
- 53 Checkliste: Fische und Pflanzen
- 54 Südamerika-Gesellschaftsbecken
- 54 Tipp: Pflege des Südamerika-Beckens
- ➤ **56 Special »Frage & Antwort«**
  Fragen rund um die Gestaltung

## Anhang

- 58 Register
- 60 Adressen, Literatur
- 61 Autor
- 61 GU-Experten-Service
- 61 Impressum
- 62 Meine Aquarienfische – Steckbrief zum Ausfüllen
- ➤ **64 Die 10 GU-Erfolgstipps**
  Wohlfühlgarantie für Aquarienfische

➤ GU Serviceseiten

# Kennenlern-Programm

| | |
|---|---|
| **Artenvielfalt** | Seite 6–7 |
| **Beliebte Freiwasserfische** | Seite 8–9 |
| **Zwerge und Spezialisten** | Seite 16–17 |
| **Special »Frage & Antwort«** | Seite 20–21 |

# Artenvielfalt und natürlicher Lebensraum

60-Liter-Aquarien gehören zu den am häufigsten verkauften Aquarien. Sie brauchen recht wenig Platz und sind in der Anschaffung günstiger, als die allerdings leichter zu pflegenden größeren Aquarien.

> Verkrautete Stillwasserbereiche bieten Lebensraum für kleine Fischarten.

Kleine Aquarien können jedoch ebenso wie große einen artgerechten Lebensraum für eine kleine Fischgemeinschaft bilden, wenn man die Auswahl der Fische den kleinen Maßen der Becken anpasst. Von den mehreren hundert Arten, die als Aquarienfische im Zoofachhandel angeboten werden, können aber nur solche in kleinen Aquarien artgerecht gepflegt werden, die verhältnismäßig klein bleiben und geringe Revieransprüche haben. Alle in diesem Ratgeber gezeigten Arten, erfüllen diese Voraussetzungen.

### Fische in der Natur

Die einzelnen Fischarten besiedeln in der Natur unterschiedliche Lebensräume. Die wichtigsten beschreibe ich Ihnen im folgenden Text. Sie lassen sich auch in kleinen Aquarien zumindest annähernd imitieren.

**Verkrautete Stillwasserbereiche:** Wenn es Wasserqualität und Lichtverhältnisse zulassen, wachsen dichte Bestände zarter und feinfiedriger Wasserpflanzen in den meisten stillen Gewässerbereichen. In größeren Gewässern wurzeln Wasserpflanzen meist im Uferbereich. Kleine Tümpel, Gräben und ganze Sümpfe können aber auch vollständig mit diesen Pflanzen zugewachsen sein. Bei einer Wasserqualität, die keinen Wasserpflanzenwuchs zulässt (z. B. Schwarzwasser), bieten ins Wasser hängende Landpflanzen den gleichen Lebensraum wie ufernahe Wasserpflanzendickichte.

**Kleine Bäche:** Manche kleinen Bäche weisen nur einen Wasserstand von wenigen Zentimetern auf. Deshalb sind diese meist klaren und verhältnismäßig kühlen Gewässer ausschließlich kleinen Fischarten vorbehalten. Sie besiedeln dort nicht nur die Stillwasserbereiche, sondern auch die schneller strömenden Bereiche, weil hier die großen Raubfische, die sie im freien Wasser größerer Gewässer mit Sicherheit erbeuten würden, fehlen.

**Flachwasserzone größerer Bäche und Flüsse:** Auch im Einzugsgebiet größerer Fließgewässer finden sich Lebens-

## Kennenlern-Programm
### NATÜRLICHER LEBENSRAUM

räume, in denen Kleinfische Schutz vor Fressfeinden, Bereiche mit geringer Strömung und einen reich gedeckten Tisch vorfinden. In Buchten, abgetrennten Flussarmen oder in den während der Regenzeit weit über den Hauptstrom reichenden Überschwemmungszonen bedeckt vor allem im Urwald eine manchmal halbmeterdicke Falllaubschicht den Gewässergrund. Die zerfallenden Blätter bieten die Nahrungsgrundlage für viele Kleinlebewesen, wirken aber auch als Fangnetz für vorbeitreibende Futterpartikel. Ideale Bedingungen für Fische.

**Schneckenfriedhöfe des Tanganjika-Sees:** Einen ganz besonderen Lebensraum hat sich eine Gruppe kleiner Fische, die ausschließlich im ostafrikanischen Tanganjika-See vorkommen, erobert. Diese Buntbarsche – sie gehören zu den kleinsten Buntbarschen überhaupt – leben in leeren Schneckenhäusern, die sich in der ansonsten ungeschützten Sandzone ansammeln und dort so genannte Schneckenfriedhöfe bilden. Dort legen die Buntbarsche auch ihre Eier ab und ziehen ihre Jungen groß.

> *Die Keilfleckbarben,* Trigonostigma heteromorpha*, pflegt man am besten im Schwarm.*

**Brackwasserlagunen:** Einige der Zwergfische stammen aus küstennahen Gewässern, die eine Verbindung zum Meer haben. Hier ist das Wasser leicht salzig. Ansonsten ähneln diese Gewässer den Stillwasserzonen größerer Flüsse oder verkrauteten Stillwasserzonen, nur dass dort salzverträgliche Wasser- oder Sumpfpflanzen leben.

**Hinweis:** Vorschläge für zwei naturnah eingerichtete Aquarien finden Sie auf den Seiten 52 bis 55.

# Beliebte Freiwasserfische

Sie sind meist bunt, schwimmen lebhaft umher und lassen sich in schön bepflanzten Becken halten, weil sie normalerweise keine Pflanzen fressen. Alle in diesem Buch genannten Arten eignen sich für die Pflege in 60-Liter-Becken, nicht aber in kleine-

> *Die Fünfgürtelbarbe,* Puntius pentazona, *lebt bodennah im Freiwasser.*

ren. Bis auf den Spritzsalmler pflanzen sich alle Arten fort, ohne Brutpflege zu betreiben. Bei den lebend gebärenden Zahnkarpfen entwickeln sich die Jungfische im Mutterleib und werden als vollständige Miniaturausgaben ihrer Eltern geboren.

**Pflege:** Ein Aquarium muss den drei wichtigsten Bedürfnissen dieser Gruppenfische Rechnung tragen: ihrer Schwimmfreudigkeit, ihrem Schutzbedürfnis und ihrer Geselligkeit. Das Aquarium sollte teilweise dicht bepflanzt sein, aber auch freien Schwimmraum im Vordergrund aufweisen. Obwohl viele Arten dieser Gruppe Schwarmfische sind, bilden die Männchen zeitweilig kleine Balzreviere aus, die sie gegen andere verteidigen. Man kann diesem Trieb im Aquarium entgegenkommen und durch Moorkienwurzeln das Becken in mehrere Teilbereiche untergliedern. Dennoch sollten alle mindestens in einem Trupp von fünf bis sechs Tieren, besser mehr, gepflegt werden. Die zarten oder stark Licht reflektierenden Leuchtfarben vieler Regenwald-Arten kommen erst in einer dunklen Atmosphäre voll zur Geltung. Dies erreichen Sie durch einen entsprechenden Bodengrund (Lava, Torf oder trockene Buchenblätter) und Abschattung durch Schwimmpflanzen. Die größeren Bärblinge und die meisten lebend gebärenden Zahnkarpfen (Guppy, Platy) gedeihen dagegen gut in hell beleuchteten Becken. Zur Pflege aller Bärblinge, Barben, Leuchtaugen und Salmler ist weiches, leicht saures Wasser optimal. Viele Arten vertragen aber auch höhere Wasserwerte. Die meisten lebend gebärenden Zahnkarpfen bevorzugen dagegen härteres, leicht alkalisches Wasser.

**Futter:** Alle Arten nehmen gerne kleines Lebend- und Gefrierfutter, die meisten aber auch Trockenfutter (feines Granulat). Pflanzliche Zusatzkost als Trockenfutter oder überbrühte Salatblätter wird von überraschend vielen Arten gerne genommen und verhindert, dass manche Arten Pflanzentriebe anknabbern. Besonders wichtig ist pflanzliches Futter für lebend gebärende Zahnkarpfen und Barben.

# Kennenlern-Programm
## BELIEBTE FREIWASSERFISCHE

## Gruppenfische des Freiwassers

| Art | Wassertyp | Temperatur | Fisch-gruppe | Anzahl | Foto Seite |
|---|---|---|---|---|---|
| Roter Neon (ca. 4,5 cm) *Paracheirodon axelrodi* | 1 bis 3 | 23–27 °C | S | 15 | 10 |
| Neonfisch (ca. 4 cm) *Paracheirodon innesi* | 1 bis 5 | 20–24 °C | S | 15 | 39 |
| Glühlichtsalmler (ca. 4 cm) *Hemigrammus erythrozonus* | 1 bis 5 | 23–26 °C | S | 10 | 2 |
| Schmucksalmler (ca. 4,5 cm) *Hyphessobrycon rosaceus* | 2 bis 5 | 23–27 °C | S | 3 M/5 W | 11 |
| Schwarzer Phantomsalmler (ca. 4,5 cm) *Hyphessobrycon megalopterus* | 2 bis 5 | 23–28 °C | S | 3 M/5 W | 28 |
| Kaisersalmler (ca. 5 cm) *Nematobrycon palmeri* | 2 bis 5 | 23–26 °C | S | 2 M/5 W | 10 |
| Spritzsalmler (ca. 7 cm) *Copella arnoldi* | 2 bis 5 | 24–29 °C | S | 1 M/3 W | 20 |
| Fünfgürtelbarbe (ca. 4,5 cm) *Puntius pentazona* | 1 bis 3 | 26–29 °C | B | 7 | 8 |
| Bitterlingsbarbe (ca. 5 cm) *Puntius titteya* | 2 bis 4 | 23–27 °C | B | 2 M/6 W | 11 |
| Keilfleckbärblinge (ca. 3,5/4,5 cm) *Trigonostigma hengeli/heteromorpha* | 1 bis 3 / 2 bis 5 | 25–28 / 23–28 °C | B | 12 | 7, 27 |
| Kardinalfisch (ca. 4 cm) *Tanichthys albonubes* | 2 bis 6 | 18–22 °C | B | 12 | 56 |
| Zebrabärbling (ca. 5 cm) *Danio rerio* | 2 bis 6 | 24–27 °C | B | 10 | 11, 52 |
| Guppy (ca. 6 cm) *Poecilia reticulata* | 2 bis 5 | 24–30 °C | LZ | 2 M/5 W | 3, 11 |
| Platy (ca. 5 cm) *Xiphophorus maculatus* | 5 bis 6 | 22–25 °C | LZ | 2 M/5 W | 4 |
| Werners Regenbogenfisch (ca. 5 cm) *Iriatherina werneri* | 2 bis 6 | 25–27 °C | R | 3 M/5 W | 11 |

**Hinweis:** M = Männchen, W = Weibchen; Wassertyp → Seite 28, **Fischgruppe:** S = Salmer, B = Barben, Bärblinge, LZ = lebend gebärende Zahnkarpfen, R = Regenbogenfische

# Freiwasserfische
# im Porträt

Freiwasserfische prägen den ersten Eindruck eines Aquariums am stärksten, weil sie immer zu sehen sind und sich meist in der mittleren Beckenregion aufhalten.

> **Der Kaisersalmler**, *Nematobrycon palmeri*, ist ein revierbildender Salmler. Bei der Pflege zweier Männchen im kleinen Aquarium sollte man mit Hilfe einer Wurzel das Becken in zwei Bereiche unterteilen.

> **Der Rote Neon**, *Paracheirodon axelrodi*, lebt in Klarwasserbächen des Rio Negro in Amazonien. Er kommt am besten als Schwarm in dunkel gehaltenen Aquarien zur Geltung.

> **Vom Guppy,** *Poecilia reticulata,* gibt es viele Zuchtschläge. Im Foto ein Doppelschwertguppy-Männchen. Die Weibchen sind unscheinbar.

**Die Bitterlingsbarbe,** *Puntius titteya,* gehört zu den kleineren Barben. Wie alle Barben benötigen sie einen weichen Bodengrund zum Gründeln.

> **Der Schmucksalmler,** *Hyphessobrycon rosaceus,* gehört zu den lebhaftesten und beliebtesten Salmlern. Obwohl er ein Gruppenfisch ist, imponieren die Männchen mit abgespreizten Flossen voreinander.

> **Werners Regenbogenfisch,** *Iriatherina werneri.* Für ihn stellen 60 cm Beckenlänge die unterste Grenze dar. In kleinen Becken sollte man ihn nur mit zarten anderen Bodenfischen vergesellschaften.

> **Zebrabärblinge,** *Danio rerio,* sind quirlige Schwarmfische der oberen Beckenregion. Diese überaus beliebten Aquarienfische sind anspruchslos in der Pflege und lieben eine leichte Strömung.

11

# Beliebte Boden-, Oberflächen- und Revierfische

Freiwasserfische suchen in kleinen Aquarien mehr oder weniger alle Bereiche auf. Sie lassen sich jedoch mit Arten vergesellschaften, die sich auf bestimmte Beckenbereiche konzentrieren. Dazu gehören Fische, die sich hauptsächlich auf dem Boden oder einem anderen Substrat aufhalten (Panzerwelse, Harnischwelse, Dornaugen, manche Killifische) oder eher das obere Beckendrittel besiedeln (Beilbauchsalmler, viele Labyrinthfische, Hechtlinge). Interessante Verhaltensweisen zeigen Arten, die in Bodennähe Reviere bilden (Zwergbuntbarsche, Grundeln).

**Pflege:** Die verschiedenen Fischarten unterscheiden sich erheblich in ihren Ansprüchen und im Temperament. Deshalb sind nicht nur die richtigen Wasserwerte wichtig, sondern auch die Berücksichtigung individueller Bedürfnisse bei Einrichtung und Vergesellschaftung. Revier bildende Fische brauchen in kleinen Aquarien – vor allem wenn sie in Fortpflanzungsstimmung kommen – einen Bereich, den sie gegenüber den »grenzenlos« eingestellten Schwarmfischen abgrenzen können. Geben Sie mit Wurzeln oder Steinen, Pflanzen und Höhlen Reviergrenzen vor. So stellen Sie sicher, dass die Art nicht von Schwarmfischen in ihrem Revier überrumpelt wird bzw. die Revier bildende Art nicht automatisch das gesamte Becken für sich in Anspruch nimmt. Die in der Tabelle genannten Revier bildenden Arten pflegt man am besten paarweise. Auch die meisten nicht Revier bildenden Boden bewohnenden Fische und bodenorientierte Killifische fühlen sich nur mit Unterständen oder Pflanzendickichten in kleinen Aquarien wohl. Die mit empfindlichen Barteln ausgestatteten Panzerwelse brauchen einen Bereich mit feinem Sand zum Gründeln. Dicht unter der Oberfläche lebende Arten schätzen eine teilweise Abdeckung mit Schwimmpflanzen.

**Futter:** Prachtkärpflinge und Grundeln benötigen Lebendfutter zur artgerechten Haltung, die meisten anderen Arten lassen sich mit hochwertigem Kunst- und feinem Gefrierfutter ernähren, auch wenn Lebendfutter zu ihrem Wohlbefinden beiträgt.

Ohrgitter-Harnischwelse, Macrotocinclus-*Arten,* sind gute Algenfresser.

## Kennenlern-Programm
### BODEN-, OBERFLÄCHEN- UND REVIERFISCHE

## Boden-, Oberflächen- und Revierfische

| Art | Wasser-typ | Temperatur | Fisch-gruppe | Anzahl | Lebens-weise | Foto Seite |
|-----|------------|------------|--------------|--------|--------------|------------|
| Schmetterlingsbuntbarsch (ca. 6 cm) *Mikrogeophagus ramirezi* | 1 bis 3 | 27–30 °C | Z | 1 M/1 W | R | 14 |
| Gelber Zwergbuntbarsch (ca. 6 cm) *Apistogramma borellii* | 2 bis 5 | 24–26 °C | Z | 1 M/1 W | R | 42 |
| Gestreifter Schneckencichlide (ca. 5 cm) *Lamprologus multifasciatus* | 5 bis 6 | 25–27 °C | Z | 1 M/3 W | R | 36 |
| Brevis -Schneckencichlide (ca. 6 cm) *Lamprologus brevis* | 5 bis 6 | 25–27 °C | Z | 1 M/1 W | R | 34 |
| Friedlicher Kampffisch (ca. 5 cm) *Betta imbellis* | 2 bis 5 | 26–28 °C | L | 2 M/2 W | R | 43 |
| Zwergfadenfisch (ca 6. cm) *Colisa lalia* | 2 bis 6 | 24–28 °C | L | 1 M/1 W | R+O | 26, 33 |
| Honigfadenfisch (ca. 5 cm) *Colisa chuna* | 2 bis 6 | 22–28 °C | L | 1 M/1 W | R+O | 22 |
| Querbandhechtling (ca. 6 cm) *Epiplatys dageti* | 2 bis 5 | 22–26 °C | K | 1 M/3 W | O | 15 |
| Gestreifter Prachtkärpfling (ca. 5 cm) *Aphyosemion striatum* | 2 bis 5 | 21–23 °C | K | 3 M/3 W | R | 46 |
| Kap Lopez (ca. 5 cm) *Aphyosemion australe* | 2 bis 4 | 21–24 °C | K | 3 M/3 W | R | 14 |
| Leopardpanzerwels (ca. 5 cm) *Corydoras panda* | 2 bis 6 | 23–24 °C | P | 3 M/2 W | B | 15 |
| Ohrgitter-Harnischwels (ca. 4 cm) *Macrotocinclus* spec. | 2 bis 6 | 22–26 °C | H | 6 | B | 12, 54 |
| Hexenwels (ca. 13 cm) *Rineloricaria cf. lanceolata* | 2 bis 5 | 24–28 °C | H | 3 M/ 3 W | B | 15, 32 |
| Gestreifte Dornaugen (ca. 8 cm) *Pangio spec.* | 1 bis 5 | 26–30 °C | D | 5 | B | 15 |
| Pastellgrundel ( ca. 5 cm) *Tateurndina ocellicauda* | 2 bis 5 | 26–29 °C | G | 2 M/2 W | R | 15 |

**Hinweis:** M = Männchen, W = Weibchen; Wassertyp → Seite 28, **Fischgruppe:** Z = Zwergbunt-barsche, L = Labyrinthfische, K = Killifische, P = Panzerwelse, H = Harnischwelse, G = Grundeln, D= Dornaugen; **Lebensweise:** B = Bodenfisch, O = Oberflächenfisch, R = Revierfisch

# Boden-, Oberflächen- und Revierfische
# im Porträt

Boden-, Oberflächen- und Revierfische können in kleinen Aquarien meist recht gut mit Freiwasserfischen vergesellschaftet werden (→ Seite 8 bis 11).

> **Der Kap Lopez,** *Aphyosemion australe*, gehört zu den wenigen Killifischen, die regelmäßig (auch als goldene Zuchtform) im Aquarienhandel angeboten werden. Die meisten Killis kommen nur in Becken mit dunklem Bodengrund gut zur Geltung.

> **Schmetterlingsbuntbarsch,** *Mikrogeophagus ramirezi*. Das Weibchen bewacht ein Gelege aus mehr als hundert Eiern, das sie auf einem Laubblatt abgelegt hat.

> **Die Pastelgrundel,** *Tateurndina ocellicauda*, ist ein ruhiger Revierfisch für Aquarien mit zarten Fischen der gleichen Region, z. B. Blauaugen.

**Dornaugen,** *Pangio spec.*. In Aquarien mit Pflanzen und weichem Bodengrund sind sie gesellige Fische, die gut bei der Fütterung zu sehen sind.

> **Rote Hexenwelse** wie *Rineloricaria lanceolata* werden zwar relativ lang, sind aber wegen ihrer wenig aktiven Lebensweise dennoch für kleine Aquarien geeignet. Wichtiger als die Beckengrösse ist eine ruhige Gesellschaft.

> **Querbandhechtlinge,** *Epiplatys dageti*, sind echte Oberflächenfische. Bei dichter Bepflanzung werden immer wieder Junge »von alleine« im Becken gross werden.

**Panda-Panzerwelse,** *Corydoras panda*, brauchen zur Entfaltung wie alle Panzerwelse Sand zum Gründeln. Ansonsten verletzen sie sich ihre empfindlichen Barteln.

# Beliebte Zwerge und Spezialisten

Die Fische dieser Gruppe sollten wegen ihrer Zartheit oder speziellen Lebensweise nur in Gesellschaft anderer Zwergarten gehalten werden. Einige von ihnen pflegen Sie besser als einzige Art im Aquarium. Viele sind nicht besonders schwierig zu pflegen, jedoch müssen Sie bei ihrer Vergesellschaftung sehr vorsichtig sein.

**Allgemeine Pflegehinweise:** Für die Pflege dieser Arten am besten nur eine dünne, etwa 1 cm dicke Sand oder Kiesschicht ohne Dünger in das Aquarium einbringen. Mit Aufsitzerpflanzen und Schwimmpflanzen lassen sich auch in solchen Becken hübsche Unterwasserlandschaften gestalten. Wenn Sie häufig einen kleinen Wasserwechsel nach Gießkannenmethode vornehmen (→ Seite 38), die Filterung und Sauerstoffversorgung einwandfrei funktioniert und sie in Maßen füttern, steht der Pflege dieser Arten nichts im Wege.

**Futter:** Fast alle der hier vorgestellten Arten benötigen regelmäßig feines Lebendfutter, da sie totes Futter nicht als Nahrung erkennen und trotz Fütterung verhungern (Lebendfutter → Seite 40). Diese Fischzwerge sind darauf angewiesen, nicht nur einmal am Tag gefüttert zu werden, sondern mindestens zweimal am Tag. Das liegt daran, dass Sie weniger gut »auf Vorrat fressen« können und im Verhältnis zu ihrer Körpergröße einen aktiveren Stoffwechsel haben. Die Verfütterung von Lebendfutter in kleinen Aquarien hat zudem den Vorteil, dass nicht gefressenes Futter auch zu einem späteren Zeitpunkt noch gefressen werden kann und nicht fault.

**Spezielle Hinweise:** Bitte beachten Sie unbedingt nebenstehende Tabelle. Freiwasserfische, die in der Gruppe gehalten werden müssen sind: Rosensalmler, Zwergziersalmler, Zwergbärbling, Zwergleuchtaugen, Gepunktetes Blauauge, Zwergkärpfling, Zwergpanzerwelse. Flossensauger sind spezialisierte Bodenbewohner, die am besten mit haftenden Trockenfuttertabletten gefüttert werden.

Unbedingt Lebendfutter benötigen folgende Arten, die besser nicht vergesellschaftet werden, weil sie sonst nicht genügend Futter bekommen: Goldringelgrundel, Süßwassernadeln, Zwergschwarzbarsche, Zwergkugelfische. Zwergschwarzbarsche brauchen unbedingt eine kühle Überwinterung bei etwa 12 bis 14° C (in etwa Kellertemperaturen).

> *Rosensalmler,* Hyphessobrycon roseus, *zeigen ihre dezente Schönheit.*

# Kennenlern-Programm
## BELIEBTE ZWERGE UND SPEZIALISTEN

## Zwerge und Spezialisten

| Art | Wassertyp | Temperatur | Anzahl | Foto, Seite |
|-----|-----------|------------|--------|-------------|
| Rosensalmler (ca. 3 cm) *Hyphessobrycon roseus* | 2 bis 5 | 24–26 °C | 12 | 16 |
| Zwergbärbling (ca. 2,5 cm) *Boraras maculata* | 1 bis 3 | 25–29 °C | 15 | Umschlag-rückseite |
| Gepunktetes Blauauge (ca. 4 cm) *Pseudomugil gertrudae* | 3 bis 6 | 25–30 °C | 15 | 29 |
| Zwergleuchtauge (ca. 4 cm) *Aplocheilichthys macrophthalmus* | 2 bis 5 | 25–28 °C | 15 | 19 |
| Eleganter Zwergkärpfling (ca. 3,5 cm) *Neoheterandria elegans* | 2 bis 6 | 22–26 °C | 5 M/10 W | 19 |
| Zwergziersalmler (ca. 3,5 cm) *Nannostomus marginatus* | 2 bis 3 | 23–25 °C | 3 M/6 W | 18 |
| Sichelfleck-Zwergpanzerwels (ca. 3 cm) *Corydoras hastatus* | 2 bis 6 | 25–28 °C | 12 | 19 |
| Flossensauger (ca. 6 cm) *Gastromyzon spec.* | 2 bis 5 | 22–24 °C | 5 | 31, 40 |
| Weißkehlgrundel (ca. 5 cm) *Rhinogobius wui* | 4 bis 6 | 18–24 °C | 2 M/5 W | 32 |
| Goldringelgrundel (ca. 3,5 cm) *Brachygobius doriae* | 5 bis 7 | 27–30 °C | 5 M/5 W | 19 |
| Zwergsüßwassernadel (ca. 12 cm) *Enneacampus spec.* | 5 bis 7 | 24–28 °C | 5 M/5 W | 33 |
| Zwergringelhechtling (ca. 4 cm) *Pseudepiplatys annulatus* | 2 bis 3 | 25–27 °C | 3 M/6 W | 18 |
| Goldener Zwergkugelfisch (ca. 4 cm) *Carinotretraodon cf travancorius* | 5 bis 7 | 22–24 °C | 3 M/3 M | 19 |
| Knurrender Zwerggurami (ca. 4 cm) *Trichopsis pumila* | 2 bis 6 | 23–27 °C | 2 M/2 W | 45 |
| Zwergschwarzbarsch (ca. 3,5 cm) *Elassoma evergladei* | 2 bis 6 | Winter um 12, Sommer 18–22 °C | 3 M/6 W | 30 |

**Hinweis:** M = Männchen, W = Weibchen; Wassertyp → Seite 28

# Zwerge und Spezialisten
## im Porträt

Viele wunderschöne Aquarienfische bleiben entweder sehr klein oder haben spezielle Lebensansprüche. In kleinen Aquarien ist es möglich, auf ihre Besonderheiten einzugehen.

> **Zwergringelhechtlinge**, *Pseudepiplatys annulatus*, leben direkt unter der Wasseroberfläche und können in kleinen Aquarien zum Beispiel mit Zwergleuchtaugen, die ebenfalls aus Afrika stammen, vergesellschaftet werden.

> **Der Rote Peru-Ziersalmler**, *Nannostomus marginatus mortenthaleri*, ist eine besonders schöne neue Unterart des alt bekannten Zwergziersalmlers.

**Zwergleuchtaugen,** *Aplocheilichthys macrophthalmus*, sind Schwarmfische. In dunklen Becken sieht man zuerst nur einen Schwarm »Augen«.

**Der Zwergkärpfling,** *Neoheterandria elegans*, ist einer der kleinsten Lebendgebärenden Zahnkarpfen. Die Männchen werden kaum größer als 2 cm.

**Zwergkugelfische,** *Carinotetraodon travancoricus*, müssen ständig mit Lebendfutter, z. B. Weißen Mückenlarven, versorgt werden. Hungrige Tiere zupfen anderen Fischen an den Flossen.

**Der Sichelfleck-Panzerwels,** *Corydoras hastatus*, mag es, im Gegensatz zu anderen Panzerwelsen, viel im freien Wasser zu schwimmen. Er bevorzugt üppige Wasserpflanzendickichte.

**Goldringelgrundel,** *Brachygobius doriae*, benötigen unbedingt einen Salzzusatz und feines Lebendfutter. Nur dann fühlen sie sich richtig wohl und zeigen ihr ganzes Verhaltensrepertoire.

# Fragen rund um die Artenvielfalt

**? Woher kommen die im Zoofachhandel angebotenen Fische?**
Viele beliebte Zierfische werden in spezialisierten Zierfischzüchtereien für den Aquarienhandel gezüchtet (so genannte Nachzuchten). Viele Arten lassen sich jedoch nicht im Aquarium nachzüchten oder ihre Nachzucht wäre zu kostenaufwändig. Solche werden der Natur entnommen (so genannte Wildfänge).

**? Sind Wildfänge besser als Nachzuchten?**
Wildfänge sind in vielen Fällen anspruchsvoller, aber oft auch farbintensiver und vitaler als Nachzuchten aus der Massenproduktion. Dagegen stehen qualitativ hochwertige Nachzuchten Wildfängen in keiner Hinsicht nach. Beim Kauf entscheidend sollte deshalb die Vitalität der Fische im Händlerbecken sein und nicht die Tatsache, ob es sich um Wildfänge oder Nachzuchten handelt.

**? Was muss ich bei der Vergesellschaftung mehrerer Fischarten beachten?**
Die wichtigste Regel für die Vergesellschaftung von mehreren Fischarten ist: Die Pflegebedingungen (Wasserwerte) müssen übereinstimmen. Die 3 Tabellen im vorangegangenen Kapitel geben ihnen Auskunft über die wichtigsten Eckdaten, sowie über die Anzahl der Einzeltiere, die in einem 60-cm-Becken gepflegt werden können. Weiterhin gilt für 60-Liter-Becken die Faustregel: Nicht mehr als drei Fisch-Arten, die sich auf die verschiedenen Beckenregionen verteilen, pflegen: eine bodennah lebende Art, eine Fischart der mittleren Wasserschichten und eine Oberflächenart (→ Seite 14). Zusätzlich lassen sich in vielen Fällen noch *Macrotocinclus*-Welse zur Algenkontrolle hinzufügen.

**? Für ein und dieselbe Fischart scheint es mehrere deutsche und lateinische Namen zu geben. Wie finde ich heraus, welcher der richtige ist?**
Die Namensgebung für die Fische ist wegen des Erkenntnisfortschrittes in der Aquaristik und in der Wis-

*Der Spritzsalmler,* Copella arnoldi, *besprizt sein Gelege von unten mit Wasser.*

## Kennenlern-Programm
### FRAGEN RUND UM DIE ARTENVIELFALT

senschaft nicht stabil. Ich habe versucht, in diesem Buch den aktuellen Wissensstand wiederzugeben, dennoch können sich auch diese Namen ändern. Zudem gibt es für viele Fischarten mehrere deutsche Namen. Die Neuauflagen hochwertiger Aquarienbücher und die häufiger aktualisierten Homepages der Spezialvereine sind meist zuverlässige Quellen für die korrekte Namensgebung.

**? Die Vergesellschaftung bestimmter Fisch-Arten hat bei mir nicht funktioniert. Eine Art kommt nicht ans Futter und ist gestresst, weil eine andere sie unterdrückt. Was kann ich in diesem Fall tun?**

Nicht jedes Einzeltier einer Fischart verhält sich gleich. Es gibt durchaus innerhalb der gleichen Art »Lämmer« und »Wölfe«, so dass die allgemeinen Empfehlungen nicht immer gelten. Solche Störenfriede sollten Sie unbedingt, ebenso wie kranke oder schwache Tiere, für eine Weile separat halten. Empfehlenswert ist dafür ein zweites kleineres Becken, z. B. ein 25-l-Becken mit den Maßen 40 x 25 x 25 cm bereit zu haben.

**? Was versteht man unter einem »Artaquarium«?**

In einem Artaquarium wird nur eine einzige Fischart gehalten. Besonders Spezialisten, aber auch gut für die Vergesellschaftung geeignete Arten zeigen ein noch größeres Verhaltensrepertoire, wenn sie alleine gehalten werden. Scheue Arten, z. B. manche Zwergbuntbarsche, bleiben jedoch in Artaquarien oftmals scheu und trauen sich nicht einmal zur Fütterung. In diesem Fall sollten lebhafte Schwarmfische einer anderen Beckenregion mit vergesellschaftet werden. Die Unbekümmertheit der Schwarmfische nimmt auch den anderen die Scheu.

**? Im Fachhandel werden mehr Fisch-Arten für kleine Aquarien angeboten, als in diesem Ratgeber beschrieben. Wie komme ich an genaue Informationen?**

Es gibt vier Informationsquellen: Bücher (→ Seite 60), den Zoofachhandel, das Internet sowie Aquarienvereine. Da die Qualität aller vier Informationsquellen stark schwanken kann, empfehle ich Ihnen mehrere Quellen zu Rate zu ziehen.

## MEINE TIPPS FÜR SIE

Ulrich Schliewen

### Große Fische

▶ Jungfische vieler großwüchsiger Arten werden häufig auch als »für kleine Aquarien geeignet« verkauft. Das Argument: In kleinen Aquarien bleiben diese Fische klein.

▶ Manchmal stimmt dieses Argument sogar. Doch die Fische bleiben nur deshalb klein, weil sie nicht artgerecht in großen Aquarien gepflegt werden. Dies ist jedoch Tierquälerei.

▶ Keinesfalls sollten Sie eine der folgenden großwüchsigen Fisch-Arten in einem kleinen Aquarium pflegen. Sie fühlen sich nur in großen Becken wohl.

▶ Blauer Fadenfisch, Diskus, Elefantenfisch, Engelswels, Feuerschwanz, Haibarbe, Küssender Gurami, Minihai, Mosaikfadenfisch, Prachtschmerle, Rüsselbarbe, Schilderwels, Schwertträger, Skalar und Sumatrabarbe.

# Artgerechte Unterbringung

| | |
|---|---|
| **Die richtige Technik** | Seite 24–27 |
| **Die Wasserqualität** | Seite 28–29 |
| **Gesundes Futter** | Seite 30–31 |
| **Special »Frage & Antwort«** | Seite 34–35 |

# Die richtige Technik

Die richtige technische Ausstattung, eine am natürlichen Lebensraum orientierte Einrichtung, sorgfältige Wasserpflege und die artgerechte Ernährung garantieren die erfolgreiche Haltung von Fischen in kleinen Aquarien. Übrigens gibt es im Fachhandel preisgünstige Sets zu kaufen, die Becken und technische Ausstattung beinhalten.

## Das Becken

Beim Kauf eines Silikonkautschuk geklebten Glasbeckens sollten Sie auf eine Dichtigkeitsgarantie von mindestens zwei Jahren achten. Je nachdem, welche Fischarten Sie pflegen möchten, können Sie sich auch Spezialmaße bestellen (→ Tipp, Seite 27). Ordern Sie dabei gleich ein Becken von 6 mm Glasstärke. Stärkeres Glas kann nicht so leicht springen. Stellen Sie das Becken auf eine stabile Unterlage und legen Sie eine dünne Styroporplatte oder eine spezielle Schaumgummimatte unter, damit die Bodenscheibe nicht springt. Ein 60-Liter-Aquarium wiegt eingerichtet mit Steinen, Wurzeln etc. etwa 100 kg und sollte deshalb auf einem stabilen Unterschrank stehen.

## Der Filter

Für die Filterung von kleinen Aquarien empfehle ich Motor betriebene Innenfilter, kleine »Huckepack«-Außenfilter oder – am komfortabelsten – kleine Außenfilter. Da sie kleine Becken sowieso nicht mit allzu vielen Fischen besetzen dürfen, reichen niedrige Leistungsstufen, wie für die jeweilige Beckengröße auf der Verpackung der Filter angegeben. Nehmen Sie auf keinen Fall eine zu starke Pumpe beziehungsweise wählen sie solche Modelle, bei denen sich die Leistung regulieren lässt. Eine Filterpumpe, die den Aquarieninhalt pro Stunde zwei- bis dreimal umwälzt, ist völlig ausreichend. Die Filterwirkung hängt nicht von der durchfließenden Wassermenge ab, sondern von Volumen und Art des Filtermaterials und der Durchflussgeschwindigkeit: Wird das Wasser mit hoher Geschwindigkeit durch ein kleines Volumen gejagt, ist die Filterwirkung geringer, als bei langsam laufenden Filtern. Grundsätzlich gilt bei jeder Filterung: je größer das Filtervolumen, desto besser. Besonders vorteilhaft für 60-Liter-Becken sind neuere Modelle von Motor-Innenfiltern, die mit mehreren verschiedenen Filtermaterialien zu bestücken sind. Neben der rich-

> *Die richtige Temperatur stellt man mit exakt arbeitenden Regelheizern ein.*

# Artgerechte Unterbringung
## DIE RICHTIGE TECHNIK

### 1 Innenfilter
Kleine Motor-Innenfilter eignen sich besonders für schwach besetzte Aquarien und zur zusätzlichen Strömungsregelung. Besonders empfehlenswert sind Innenfilter, bei denen sich Strömungswinkel und Strömungsstärke regulieren lassen.

### 2 Außentopffilter
Motor-Außentopffilter haben ein größeres Filtervolumen. Sie werden unterhalb des Aquariums, meist im Unterschrank installiert. Wichtig ist, dass sich die Ausströmseite (druckseitig) regulieren lässt, damit keine zu starken Strömungen entstehen.

### 3 Außenfilter
Einhänge-Außenfilter lassen sich ebenfalls mit verschiedenen Filtermaterialen bestücken, benötigen aber keine Schlauchverbindungen. Sie stellen einen guten Kompromiss zwischen Topf-Außenfiltern und kleinen Motor-Innenfiltern dar.

tigen Dimensionierung des Filters, spielt die Wahl der Filtermaterialien für die Filterwirkung eine wichtige Rolle. Damit die Filterbakterien ihre wasserpflegende »biologische Filterarbeit« verrichten können, benötigen sie genügend Platz zur Besiedlung. Spezielle »biologische Filtermaterialien« wie grobporiger Filterschaumstoff und/oder porige Ton- oder Glassinterröhrchen bieten diesen Be-

## CHECKLISTE
### Grundausstattung
- ✔ 60-Liter-Glasaquarium (ca. 60 x 30 x 30 cm)
- ✔ Abdeckleuchte mit mindestens einer Tageslicht-Leuchtstoffröhre
- ✔ Aufsteckbarer Leuchtstoffröhren-Reflektor
- ✔ Kleiner Motor-Innen- oder Außenfilter
- ✔ Filtermaterial für den jeweiligen Filtertyp, am besten mit etwas Filtermaterial aus einem schon länger betriebenen Aquarium. Für Ungeduldige: Filterstarter-Medium und Wasseraufbereitungsmittel (→ Seite 38)
- ✔ 1 Aquarienheizer 50 W
- ✔ 1 Aquarien-Thermometer
- ✔ 1 kleiner Oxidator
- ✔ Zeitschaltuhr zum regelmäßigen An- und Abschalten der Beleuchtung
- ✔ 2 mittelgroße Fangnetze
- ✔ 10 Liter Aquarienkies oder Aquariensand
- ✔ Depot-Bodengrunddünger (die Hälfte der angegebenen Menge verwenden!)
- ✔ 1 kleiner Magnet-Scheibenreiniger
- ✔ Schlauch und Eimer/Gießkanne für Wasserwechsel
- ✔ 1 Packung Wassertest-Stäbchen (im Zoofachhandel erhältlich)

siedlungsplatz. Die vorgeschaltete Filterwatte oder feinporiger Schaumstoff fängt grobe Schmutzpartikel ab und wirkt vor allem als mechanischer Filter. Moderne Motor-Innen- und Außenfilter sind meist mit mehreren Filtermaterialien bestückt.

### Der Oxidator

Für die Sauerstoffversorgung sorgt normalerweise der Auslauf der Motorfilter, der durch die Wasserbewegung an der Oberfläche das Wasser mit Sauerstoff anreichert. Besonders in stark besetzten Becken und auch als Reserve für besonders heiße Tage empfiehlt sich ein kleiner Oxidator. Dieser versorgt Aquarien zusätzlich mit Sauerstoff, indem eine spezielle Flüssigkeit verwendet wird, die sich langsam in Sauerstoff und Wasser zerlegt. Diese Art der Sauerstoffversorgung hat im Gegensatz zu den immer noch häufig eingesetzten Membranpumpenbelüftern mit »Sprudelstein« den Vorteil, dass kein gelöstes Kohlendioxid aus dem Aquarienwasser ausgetrieben wird. Kohlendioxid brauchen die Pflanzen zum Wachstum. Außerdem hilft der Sauerstoff aus dem Oxidator, Abfallprodukte der Fische schneller in relativ unschädliche Produkte zu zerlegen, und ist deshalb besonders in der Anfangsphase nach dem Einrichten sehr nützlich, wenn die Filterbakterien noch nicht richtig arbeiten.

### Die Heizung

Als Heizung empfehle ich solche Stabheizer, die sich durch eine Temperaturskala auf der Oberseite leicht einstellen lassen. Die Heizleistung richtet sich nach Beckengröße und Außentemperatur. Lassen Sie sich am besten von Ihrem

> *Dieses Zwergfadenfisch-Männchen,* Colisa lalia, *baut gerade ein Schaumnest aus umschleimten Luftblasen.*

# Artgerechte Unterbringung
## DIE RICHTIGE TECHNIK

> *Der dezente Hengels Keilfleckbärbling,* Trigonostigma hengeli, kommt am besten in torfgefiltertem Wasser zur Geltung.

Zoofachhändler beraten. Die Wattzahl darf nicht zu hoch sein, damit es nicht zu Temperatursprüngen kommt. Für ein 60-Liter-Becken empfehle ich 50 Watt. Ein Innen- oder Außenthermometer ist für die regelmäßige Temperaturkontrolle unerlässlich.

### Die Beleuchtung

Als Beleuchtung verwenden Sie am besten fertige Abdeckleuchten, deren eine Leuchtstoffröhre genügend Licht für die gängigen Aquarienpflanzen spendet. Die Beleuchtungsleistung der einzelnen Röhre kann durch zusätzliche, aufsteckbare Reflektoren wesentlich gesteigert werden. Für die Beleuchtung kleinster Becken eignen sich auch verstellbare Schreibtischlampen, die Sie mit Energiesparlampen versehen können. Warmton- und spezielle Pflanzen-Röhren sind wegen ihrer faden oder unnatürlichen Farbwiedergabe schlechter als Tageslichtröhren geeignet.

Nur wer Wert auf starken Pflanzenwuchs legt, sollte zwei Leuchtstoffröhren, von denen eine eine Pflanzen-Röhre sein kann, über dem Aquarium anbringen.
**Hinweis:** Falls Sie keine Abdeckleuchten verwenden möchten oder können (wegen Spezialmaßen), brauchen Sie zusätzlich zur Leuchte eine vom Glaser zugeschnittene Abdeckscheibe, die ausreichende Aussparungen in den Ecken für die Filter- und Heizungskabel aufweist – sonst springen die Fische aus dem Becken.

### Weiteres Zubehör

Was alles zur Grundausstattung gehört ist in der Tabelle auf Seite 25 aufgelistet. Sinnvoll kann die Anschaffung eines Futterautomaten sein.

### TIPP — Alternative Beckenformen

- Sie können sich in fast jedem Zoofachgeschäft auch Aquarien mit Sondermaßen zu einem relativ günstigen Preis bestellen.
- So wird es möglich, auf die speziellen Ansprüche mancher Fischarten einzugehen, ohne die Literzahl und damit das Gewicht des Beckens zu erhöhen.
- Beispiel: Für flinke Schwarmfische (z.B. *Danio*-Arten) oder strömungsliebende Bodenfische (z.B. Flossensauger) lässt sich ein »Renn- oder Strömungsbecken« (100 x 25 x 25 cm = 62,5 Liter) einrichten.

# Die Wasserqualität

Der Wasserqualität müssen Sie in kleinen Aquarien besondere Aufmerksamkeit widmen, denn kleine Wassermengen reagieren empfindlicher auf Pflegefehler als größere Mengen. Hier ein paar Grundbegriffe zur Beurteilung der Wasserqualität.

> *Der Schwarze Phantomsalmler imponiert durch seine großen Flossen.*

## Schadstoffe

Futterreste, Ausscheidungen der Fische oder faulende Pflanzenteile sorgen dafür, dass sich schädliche Stoffe wie zum Beispiel Ammoniak und Nitrit im Aquarienwasser anreichern. Deshalb ist es wichtig, das Wasser zu filtern, aber auch regelmäßig einen Teilwasserwechsel vorzunehmen (→ Seite 38). Bakterien, die sowohl im Filter als auch im Bodengrund leben sorgen dafür, dass beispielsweise das gefährliche Ammoniak in das weniger giftige Nitrat umgesetzt wird. Die Bakterien bauen die Stoffe so um, dass das besonders giftige Zwischenprodukt Nitrit im Wasser gar nicht in Erscheinung tritt. Allerdings kann auch Nitrat in kleinen Aquarien schnell zu gefährlichen Konzentrationen von über 50 mg/l führen. Auch der Aquarienfilter beseitigt das Nitrat nicht. Hier hilft nur der Teilwasserwechsel (→ Seite 38).
**Hinweis:** In neu eingerichteten Becken oder in Becken, in denen durch Medikamenteneinsatz die Bakterien abgetötet wurden, kann es zu einer hohen Belastung mit Nitrit kommen. Eine zu hohe Nitritbelastung endet für die Fische meist schnell tödlich.

## Der pH-Wert

Der Säuregrad (pH-Wert) ist neben der Sauberkeit des Wassers und der Wasserhärte die wichtigste Messgröße. Sie können den pH-Wert wie alle anderen wichtigen Messwerte

> **TIPP**
>
> ### Die Wassertypen
> In der Aquaristik gilt folgende Einteilung:
> ➤ Typ 1: pH 4,5–6,5; °dKH 0–3
> ➤ Typ 2: pH 5,5–6,8; °dKH 3–8
> ➤ Typ 3: pH 6,8–7,5; °dKH 3–8
> ➤ Typ 4: pH 6,8–7,5; °dKH 8–16
> ➤ Typ 5: pH 7,2–8,5; °dKH › 12
> ➤ Typ 6 : pH › 8; °dKH › 12
> ➤ Typ 7: pH › 8; °dKH › 12, 3 TL Seesalz/10 l Wasser

## Artgerechte Unterbringung
### DIE WASSERQUALITÄT

> Das Gepunktete Blauauge, Pseudomugil gertrudae, *gehört zu den etwas empfindlicheren Arten, die auf unbelastetes Wasser besonderen Wert legen.*

mit Messstäbchen aus dem Zoofachhandel messen. Je nach Säuregrad bezeichnet man Wasser als sauer (pH-Wert 1 bis 6, 9), neutral (pH-Wert 7) oder alkalisch (pH-Wert 7,1 bis 14). Die meisten der in diesem Ratgeber vorgestellten Fische fühlen sich in leicht saurem bis leicht alkalischem (pH-Wert um 6,5) am wohlsten (→ Tabellen, Seiten 9, 13 und 17).

### Die Wasserhärte

Manche Fischarten brauchen nicht nur saures, sondern auch weiches Wasser. Als weich bezeichnet man Wasser ohne oder mit nur wenig Härtebildnern, beispielsweise Kalk. Es gibt zwei wichtige »Härten«: Die Karbonathärte, die in Grad Karbonathärte gemessen wird (°dKH) und die Gesamthärte, die in Grad deutscher Härte (°dGH) gemessen wird. Die Differenz ergibt (normalerweise) die Nichtkarbonathärte. Bis etwa 8° dGH bezeichnet man Wasser als weich, bei 8 bis 16° dGH als mittelhart und bei Werten darüber als hart. Ein für die meisten Zierfische ideales Wasser enthält kaum Karbonathärte (um 4 °dKH) und etwa 5 bis 8 °dGH Gesamthärte.

### Die richtige Temperatur

Die Temperatur des Wassers wird als Pflegekriterium häufig übersehen. Manche Arten sind ausgesprochen wärmeliebend, andere kümmern, wenn sie zu warm gehalten werden. Achten Sie besonders bei der Vergesellschaftung auf die Temperaturverträglichkeit aller Arten.

# Gesundes Futter für kleine Fische

Mit den verschiedenen Frost- und Trockenfuttersorten aus dem Zoofachhandel können Sie fast alle kleinen Fische ausgewogen und vielseitig ernähren. Allerdings nehmen einige Arten, z. B. Süßwassernadeln oder Goldringelgrundeln, Trocken- und Frostfutter nicht an, weil es sich nicht bewegt und somit keinen Beutegreifreflex auslöst. Für diese Fische, aber auch zur optimalen Ernährung aller anderen Arten, sollten Sie unbedingt Lebendfutter züchten. Entsprechende Zuchtanleitungen finden Sie auf den Seiten 40 und 41.

## Trockenfutter

Trockenfuttersorten von Markenherstellern bieten eine qualitativ hochwertige Grundlage für die Ernährung vieler Aquarienfische. Trockenfutter gibt es in den unterschiedlichsten Zusammensetzungen und Formen, so dass man individuell auf die Fressgewohnheiten der einzelnen Arten, z. B. der Vorliebe für ballaststoffreiches Pflanzenfutter, eingehen kann. Trockenfutter gibt es als Futterflocken (für Oberflächen- und Freiwasserfische), feines Granulat (kleine Freiwasserfische und Bodenfische) und Tabletten (Bodenfische). Besonders wertvolles Trockenfutter besteht aus gefriergetrockneten Futtertieren.

## Pflanzenfutter

Viele Fische, z. B. Harnischwelse, knabbern gerne an frischem Grünfutter, z. B. Löwenzahnblättern, Zucchinischeiben oder Vogelmiere.

## Frost- und Lebendfutter

Im Zoofachhandel erhalten Sie ganzjährig Lebend- und Frostfutter. Es sorgt für eine ausgewogene Ernährung.

> Der Zwergschwarzbarsch benötigt unbedingt feines Lebendfutter.

**TIPP**

### Grünfutter füttern

- Die Verfütterung von Grünfutter ist manchmal problematisch, weil z. B. Zucchinischeiben oder Löwenzahnblätter im Aquarium auftreiben.
- Befestigen Sie das Grünfutter an Pflanzenklammern (aus dem Zoofachhandel), die eigentlich dazu dienen, dass frisch eingesetzte Pflanzen nach der Neueinrichtung nicht auftreiben.
- Mit Hilfe der Klammern bleibt das Grünfutter auf dem Boden. Nicht gefressene Pflanzenteile jeden zweiten Tag gegen frisches Grünfutter auswechseln.

# Artgerechte Unterbringung
## GESUNDES FUTTER FÜR KLEINE FISCHE

**Kleinkrebse:** Sie haben einen höheren Ballaststoffanteil als Trockenfutter. Außerdem enthalten sie natürliche Farbstoffe, die das Rot in der Färbung der Fische intensivieren. Besonders empfehlenswert sind die nahrhaften Hüpferlinge (*Cyclops*) und die Bosminen. Der Nährwert von Wasserflöhen (*Daphnien*) ist geringer. Als Alleinfutter sind sie deshalb nicht geeignet, wohl aber als regelmäßige Ergänzung, besonders weil sie hin und wieder lebend angeboten werden.

**Mückenlarven:** Am besten eignen sich die kleineren Schwarzen, aber auch kleine Weiße Mückenlarven. Im Sommer kann man Schwarze Mückenlarven in Pfützen und Regentonnen selbst fangen. Weiße Mückenlarven werden manchmal lebend im Zoofachhandel angeboten. Schwarze und auch Weiße Mückenlarven gibt es das ganze Jahr über gefroren zu kaufen. Vorsicht: Auf Rote Mückenlarven reagieren viele Menschen allergisch.

**Tubifex:** Diese kleinen nahrhaften Würmer erhält man nur lebend im Handel. Allerdings sollten Sie sie wegen ihrer recht hohen Schadstoffbelastung und ihrem hohen Fettgehalt nicht zu häufig verfüttern. Für viele Fische, die schwer ans Futter gehen, stellen sie aber oft die einzige Alternative dar. Lagern Sie *Tubifex* in einem Gefäß, dass unter einem tropfenden Wasserhahn steht. So bleiben die Würmer lange frisch.

**Artemia-Nauplien und Grindal-Würmer:** Sie sind leicht zu züchtendes Lebendfutter. So haben Sie nie Probleme bei der Fütterung aller in diesem Buch aufgeführten Fischarten (Jungfischaufzucht → Seite 57).

> *Der Gepunktete Flossensauger lässt sich gut mit Futtertabletten ernähren.*

## CHECKLISTE

### Futterqualität

✔ Sowohl bei Trocken- als auch bei Gefrierfutter auf das Verfallsdatum achten.

✔ Trockenfutterdosen nach dem Füttern immer wieder verschließen und im Kühlschrank aufbewahren.

✔ Einmal aufgetautes Gefrierfutter nicht mehr einfrieren und maximal einen Tag im Kühlschrank aufbewahren.

✔ Mehrere Futtersorten anbieten und auf den Fischbesatz abstimmen.

✔ Auf hochwertige Bestandteile (z.B. *Spirulina*-Algenanteil, Ballaststoffanteil) achten.

✔ Futterautomat nur für wenige Tage bestücken, da auch das Futter im Automaten in der Qualität nachlässt.

# Verhaltensdolmetscher
# Aquarienfische

Fische haben ein reiches Verhaltensrepertoire. Hier erfahren Sie, was die Fische mit ihrem Verhalten ausdrücken ❓ und wie Sie richtig darauf reagieren ➡.

> Ein Paar von Hexenwelsen laicht in einer halbierten Kokosnussschale ab.
> ❓ Was tue ich, wenn alle Eier abgelegt worden sind?
> ➡ Sobald die Jungfische ausschwärmen, füttern Sie gezielt mit feinem Trockenfutter und überbrühten Spinatblättern.

> Ein Männchen der Weißkehlgrundel spreizt immer wieder seinen auffällig gefärbten »Mundboden« ab.
> ❓ Das Männchen imponiert vor einem anderen Männchen oder balzt ein Weibchen an.
> ➡ Unternehmen Sie nichts, beobachten Sie!

Panzerwelse stecken ihren Vorderkörper tief in den Bodengrund.

❓ Sie suchen auch tiefer im Bodengrund nach Nahrung.
➡️ Sorgen Sie für sandige Flächen im Aquarium.

Zwei Zwergfadenfisch-Männchen versuchen sich gegenseitig zu rammen.

❓ Zwei Männchen nur in großen Becken miteinander vergesellschaften.
➡️ Entfernen Sie ein Männchen, damit es nicht zu tödlichen Verletzungen kommt.

Mehrere Schneckenbuntbarsche leben zusammen in einem Haufen leerer Schneckenschalen.

❓ Schneckenbuntbarsche leben in Großfamilien.
➡️ Weinbergschneckenhäuser (ausgekocht) bieten im Aquarium Unterschlupf.

Süßwassernadeln bewegen sich kaum, beobachten aber sehr intensiv die Umgebung.

❓ Mit Hilfe ihrer beweglichen Augen sind sie immer auf der Suche nach Lebendfutter.
➡️ Füttern Sie regelmäßig Lebendfutter.

# Fragen rund um die Technik

**? Was bedeutet es, wenn man von einem »eingefahrenen« Aquarium bzw. einem »eingefahrenen« Filter spricht?**

»Eingefahren« bedeutet in diesem Zusammenhang, dass der Filter und/oder das Aquarium schon so lange eingerichtet laufen, dass sich ausreichend nützliche Bakterien im Aquarium etabliert haben. Wenn ein Aquarium neu eingerichtet oder ein Filter komplett mit neuen Filtermaterialien bestückt wurde, leben zunächst nur wenige Bakterien im Aquarium. Da diese aber wichtig sind, um Schadstoffe abzubauen, müssen sie sich erst ausreichend vermehren, um die nötige Abbauleistung im Aquarium zu erbringen. Erst nach einigen Wochen haben sich genügend Bakterien vermehrt. Aquarium und der Filter sind »eingefahren« und Sie können die Fische einsetzen.

**? Kann man auch Regenwasser im Aquarium einsetzen?**

Ja, Regenwasser ist prinzipiell einsetzbar, besonders um ganz einfach an weiches Wasser zu gelangen. Da es aber oft Schadstoffe aus der Luft enthält, sollte es auf alle Fälle vor dem Einsatz im Aquarium mehrere Tage über Aktivkohle (aus dem Zoofachhandel) gefiltert werden. Aktivkohle erschöpft sich nach einiger Zeit und muss dann ausgewechselt werden.

**? Ich habe sehr weiches Wasser und möchte es auf einen bestimmten Härtegrad aufhärten. Wie berechne ich die richtigen Mengenverhältnisse?**

Hier hilft die so genannte Kreuzregel zum Berechnen von Mischverhältnissen. Härtegrad des härtearmen Wassers (im Beispiel 0° dKH) minus gewünschtem Härtegrad (im Beispiel 4° dKH) ergibt Anteile Leitungswasser (Minuszeichen weglassen; im Beispiel 4 Teile): $0 - 4 = (-)4$. Härtegrad des Leitungswassers (im Beispiel 18° dKH) minus gewünschtem Härtegrad (im Beispiel 4° dKH) ergibt Anteile des härtearmen Wassers: $18 - 4 = 14$. Um also z. B. aus Leitungswasser mit 18° dKH und einem enthärteten Wasser mit 0° dKH ein

> *Brevis-Schneckenbuntbarsche. An der Reviergrenze kommt es zum Maulkampf.*

# Artgerechte Unterbringung
## FRAGEN RUND UM DIE TECHNIK

Wasser von 4° dKH herzustellen, mischen Sie 4 Teile Leitungswasser und 14 Teile enthärtetes Wasser.

**? Mich stört bei der Torffilterung die dunkle Wasserfärbung. Was kann ich dagegen tun?**
Nachdem die Torffilterung beendet ist (→ Tipps rechts), lässt sich die dunkle Wasserfärbung mit einer Aktivkohlefilterung entfernen.

**? An meinen Pflanzen im Aquarium bildet sich ein weißer krustiger Belag. Der pH-Wert ist auf weit über 8 gestiegen. Was ist passiert?**
Die Wasserpflanzen haben Nährstoffmangel. Ihnen fehlt Kohlendioxid. Besonders häufig tritt dies bei Aquarienwasser mit hoher Karbonathärte auf. Um den Mangel an Kohlendioxid auszugleichen, bedienen sich die Pflanzen des Kohlenstoffs, der in den Karbonathärtebildnern enthalten ist. Dabei entsteht der für die Pflanzen schädliche Kalkbelag auf den Blättern. Die Karbonathärte sinkt, der pH-Wert steigt. Senken Sie die Karbonathärte durch Torffilterung oder mischen Sie mit enthärtetem Wasser und düngen gleichzeitig mit Kohlendioxid.

**? Nach einem Wasserwechsel atmen die Fische heftig. Eine pH-Wert-Messung ergab Werte über 7. Wie kommt das?**
Möglicherweise handelt es sich um eine Ammoniakvergiftung. Liegt der letzte Wasserwechsel längere Zeit zurück, ist das Becken überbesetzt oder hat sich aus anderen Gründen zu viel biologischer Abfall angesammelt, entsteht bei pH-Werten unter 7 das relativ ungiftige Ammonium als Zwischenprodukt. Steigt der pH-Wert nach einem Wasserwechsel mit alkalischem Wasser auf über 7, verwandelt sich das Ammonium in giftiges Ammoniak – die Fische leiden. Als Abhilfe wechseln Sie vorsichtig (!) 90 % des Aquarienwassers mit vorbereitetem Leitungswasser, reinigen den Filter und saugen den Bodengrund ab. So entfernen Sie Abfallprodukte und das Ammonium. Zusätzlich Wasserpflegeprodukte aus dem Zoofachhandel dazugeben, die schädliche Chemikalien neutralisieren.

## MEINE TIPPS FÜR SIE

Ulrich Schliewen

### Wasserbehandlung mit Torf

➤ Zu hartes und alkalisches Leitungswasser können Sie mit Hilfe einer Torffilterung enthärten und ansäuern.

➤ Torffilterung bietet sich nur für kleine Wassermengen an, da sonst der Torfverbrauch zu groß ist.

➤ Kaufen Sie Torf oder Torfgranulat im Zoofachhandel. Den Torf und etwa 1/2 Liter mittelhartes Wasser in ein Gazesäckchen füllen, das extra für Filtermaterial angeboten wird.

➤ Hängen Sie den Beutel mit einer rostfreien Klammer in eine hintere, leicht zugängliche Ecke des Aquariums. Messen Sie den pH-Wert und die Karbonathärte in täglichen Abständen.

➤ Haben sich die gewünschten Werte eingestellt oder verändern sie sich nicht mehr, entfernen oder erneuern Sie den Torf. Da die Effizienz verschiedener Torfe unterschiedlich ist, kann man keine genaueren Dosierungen angeben.

# Fit-und-gesund-Programm

| | |
|---|---|
| **Wasserkontrolle und -pflege** | Seite 38–39 |
| **Futtervorrat das ganze Jahr** | Seite 40–41 |
| **Die häufigsten Krankheiten** | Seite 42–45 |
| **Special »Frage & Antworten«** | Seite 46–47 |

# Wasserkontrolle und Wasserpflege

Wasserkontrolle und -pflege sind bei kleinen Aquarien besonders wichtig, denn kleine Wasservolumen reagieren schnell auf Pflegefehler. Folgende Maßnahmen sind für optimales Wasser wichtig.

> Ohrgitter-Harnischwelse raspeln die Algen von den Aquarienscheiben.

## Wasserkontrolle

Den besten Überblick über die Entwicklung und den Pflegestand ihres Aquariums gibt neben dem Wohlbefinden Ihrer Fische der regelmäßige Wassercheck. Dazu müssen Sie kein ausgebildeter Chemiker sein, denn im Zoofachhandel sind dafür einfache Kombi-Messstäbchen erhältlich, deren Messgenauigkeit für einfache pflegerische Zwecke ausreicht. Zur Messung entnehmen Sie ein wenig Wasser und füllen es in einen sauberen Becher. Tauchen Sie dann das Messstäbchen kurz ein und lesen Sie die Messwerte auf der Gebrauchsanweisung ab. Liegen einige Messwerte über den gewünschten Grenzwerten, können Sie gezielt eingreifen. Als Richtlinie gelten:

➤ Nitrit und Ammoniak sollten nicht messbar sein.
➤ Nitrat sollte unter 50 mg/l, auf gar keinen Fall über 100 mg/l liegen.
➤ pH-Wert und Karbonathärte sollten gegenüber der Vormessung nicht zu stark abgesunken oder gestiegen sein (falls sie nicht gezielt verändert wurden).

**Hinweis:** Wie Sie neben Wasserwechsel und Filterpflege auf zu hohe Messwerte reagieren, erfahren Sie auf den Seiten 44 und 46.

## Der Teilwasserwechsel sorgt für Gesundheit

Wichtigste Voraussetzung für die Wasserpflege ist neben

**TIPP**

### Teilwasserwechsel mit der Gießkanne

➤ Sie brauchen: eine bereits mit Wasser mit den richtigen Wasserwerten gefüllte 10-Liter-Gießkanne, einen größeren Trichter, einen 2,5 m langen Aquarienfilterschlauch, einen 10-Liter-Eimer.

➤ Stecken Sie ein Schlauchende durch die Futterluke ins Aquarium und lassen Sie 10 Liter Aquarienwasser in den Eimer laufen.

➤ Danach 10 Liter vorbereitetes Wasser aus der Gießkanne über den Trichter ins Becken füllen. Eimer entleeren und Kanne wieder mit frischem Wasser füllen.

# Fit-und-gesund-Programm
## WASSERKONTROLLE UND WASSERPFLEGE

einem optimal eingefahrenen Filter (→ Seite 34), der regelmäßige Teilwasserwechsel. Auch der beste Filter unterstützt lediglich die bakterielle Umsetzung von giftigen Stoffwechselprodukten der Fische in weniger giftige, entfernt diese aber nicht endgültig aus dem Aquarium (→ Seite 28). Sauberes Wasser erreichen Sie am sichersten durch den regelmäßigen Teilwasserwechsel von einem Viertel bis einem Drittel des Beckeninhalts pro Woche. Idealerweise wechseln Sie mehrmals wöchentlich ein Fünftel des Beckeninhalts mit der Gießkannen-Methode (→ Tipp links). Auf diese Weise entfernen Sie ohne große Mühen am effektivsten alle im Wasser gelösten Schadstoffe. Ihre Fische werden es Ihnen mit Gesundheit und hoher Vitalität danken.

### Regelmäßige Filterpflege ist wichtig

Ein optimal eingefahrener Filter hält das Wasser klar, und bietet den so genannten Filterbakterien Lebensraum. Nach der Anlaufphase des Filters, die mehrere Wochen andauern kann, wird nur die erste mechanisch arbeitende Filterschicht unter kühlem Wasser wöchentlich oder häufiger ausgespült oder ersetzt, falls sie langsam zerfällt oder sich zusetzt. Die »biologischen Filtermaterialien« werden nur dann gespült, wenn der freie Wasserdurchfluss durch die Reinigung der mechanischen Filterstufe nicht mehr gewährleistet ist. **Wichtig:** Filter nie mit heißem Wasser spülen – die Bakterien würden auf diese Weise abgetötet und die Filterwirkung wäre dahin.

> *Der Neonfisch,* Paracheirodon innesi, *bleibt kleiner und ist weniger anspruchsvoll als der beliebtere Rote Neon.*

# Futtervorrat das ganze Jahr

Nicht nur das richtige Futter, sondern auch die Art der Fütterung spielt für das Wohlbefinden der Fische eine wichtige Rolle. Den größten Gefallen tun Sie ihren Fischen, wenn Sie sie ausgewogen und abwechslungsreich ernähren. Vor allem aber, wenn Sie häufig lebende Futtertiere verfüttern. Die schmecken nicht nur besonders gut, sondern regen auch die Sinne an. Im folgenden Text finden Sie Anleitungen, wie Sie für Lebendfuttervorrat sorgen können.

### Lebendfutter selbst züchten

Fast alle Fischarten gedeihen mit Lebendfutter besser als bei ausschließlicher Trockenfutter- oder Gefrierfutterfütterung. Für manche Fischarten ist lebendes Futter sogar die Voraussetzung für eine erfolgreiche Pflege und für die Zucht. Zwei Futterarten sind besonders leicht zu züchten. Sie sind dann immer für alle Fälle gewappnet, sowohl bei der Pflege erwachsener Kleinfische, als auch bei der Aufzucht nicht allzu kleiner Jungfische.

**Artemia-Nauplien:** Sie sind die Larven der Salinenkrebse. Ihre Dauer-Eier halten sich jahrelang und werden in jedem Zoofachhandel angeboten. Besorgen Sie sich dort ein so genanntes *Artemia*-Kulturgerät und eine Aquarienluftpumpe. Mit diesen beiden Utensilien können Sie zwei herkömmliche 0,7 bis 1,0 Liter Getränkeflaschen zur *Artemia*-Produktion umrüsten. Füllen Sie dazu die beiden Flaschen mit Salzwasser. Setzen Sie eine normale, jodfreie Kochsalzlösung (ein gehäufter Esslöffel auf ein Liter) an, geben Sie einen halben Löffel *Artemia*-Eier in eine der Flaschen und stellen Sie sie an einem möglichst warmen Platz auf. Belüften Sie die Flaschen über die mitgelieferten Luftschläuche mit Hilfe einer Membranpumpe. Je nach Temperatur dauert es 36 bis 48 Stunden bis die Nauplien schlüpfen und verfüttert werden können. Dazu schalten Sie die Luftpumpe ab, lassen die grauen Eierschalen nach oben treiben, während die schweren rötlichen Nauplien nach unten sinken. Mit einem Luftschlauch saugen Sie nun die Nauplien auf ein *Artemia*-Sieb, spülen sie kurz in Leitungswasser und verfüttern sie dann sofort. Setzen Sie die Flaschen in einem Abstand von etwa 24 Stunden an, damit Sie täglich Nauplien verfüttern können.

> *Flossensauger ernähren sich von Tieren aus dem Aufwuchs von Steinen.*

# Fit-und-gesund-Programm
## FUTTERVORRAT DAS GANZE JAHR

**Grindal-Würmer:** Besorgen Sie sich einen Zuchtansatz (Adressen im Anzeigenteil der Aquarienzeitschriften). Geben Sie eine ca. 3 cm hohe Schicht Torf, den sie vorher einige Tage eingeweicht haben, in ein Plastikgefäß (Fläche etwa 10 x 15 cm). Den Torf vorher gründlich ausdrücken. Darauf kommt ein Teelöffel Trockenpulver eines Babybreis. Sprühen Sie das Pulver leicht mit Wasser an. Dann geben Sie den Zuchtansatz dazu und legen einen kleinen Plastikdeckel (ca. 8 cm Durchmesser) oder eine Glasplatte obenauf. Den eigentlichen Behälter versehen Sie mit einem kleinen Gazefenster zur Belüftung. Stellen Sie die Kultur an einen dunklen, warmen Ort. Nach einigen Tagen werden sich unter dem Plastikdeckel viele Würmer befinden, die sie mit einem Pinsel abnehmen und direkt verfüttern können. Die Kultur spätestens alle drei Monate erneuern.

## Restevertilger

Häufig wird in kleinen Aquarien mit wenigen Fischen zu viel gefüttert. Faulende Futterreste belasten das Wasser. Deshalb sollten Sie sich Helfer für die Resteverwertung zulegen. Besonders hilfreich sind Schnecken, die sich aber auch schnell vermehren können. Zu viele Schnecken schaden jedoch nicht, man kann sie einfach mit der Hand abernten. Nur in Zuchtaquarien haben Schnecken nichts zu suchen, denn sie ernähren sich auch vom Fischlaich. Garnelen und kleine Panzerwelse sind ebenfalls Restevertilger. Falls aber besonders die Panzerwelse bei der Fütterung zu kurz kommen, müssen sie unbedingt gezielt gefüttert werden.

*Futterautomaten (o. li.) erleichtern die regelmäßige Fütterung (Trockenfutter).*

## CHECKLISTE

### Fütterungsregeln

✔ Füttern Sie ein-, besser zwei- bis dreimal am Tag gerade so viel, wie die Tiere in einer Minute auffressen können.

✔ Legen Sie, außer bei Minifischen bis 3 cm, einmal pro Woche einen Fastentag ein.

✔ Berücksichtigen Sie die verschiedenen Temperamente und Gewohnheiten der einzelnen Fischarten.

✔ Lebende Futtertiere können Sie an Minifische in etwas größeren Mengen füttern, so dass die Fische »im Futter stehen«. Füttern Sie erst wieder, wenn kein Lebendfutter mehr im Becken schwimmt.

✔ Füttern Sie Wurmfutter eher sparsam – die Fische verfetten sonst.

41

# Die häufigsten Krankheiten

Bei artgerechter Pflege bleiben Ihre Fische normalerweise gesund, denn unter optimalen Bedingungen sind ihre Abwehrkräfte stark. Sollten Sie jedoch das Gefühl haben, dass einige Tiere in

### Krankheitsanzeichen

Fische, die sich nicht wohl fühlen, erkennt man daran, dass sie nicht aktiv sind, sondern häufig wie benommen umher schwimmen oder sich entgegen ihrer normalen Gewohnheit zurückziehen. Dabei atmen sie oft schneller als in gesundem Zustand und ihr normales Farbkleid kann verändert sein. Oft scheuern sich die Fische an härteren Gegenständen.

Die meisten Krankheiten entstehen durch Pflegefehler. Auch wenn Sie vermuten, dass Ihre Fische an einer Infektionskrankheit erkrankt sind, versuchen Sie parallel zur Krankheitsdiagnose eine Pflegepanne auszuschließen beziehungsweise zu beheben: Überprüfen Sie ob

▶ tote, bereits verweste Fische im Aquarium liegen, die das Wasser stark belasten,
▶ Ammoniak, Nitrit- oder Nitratwert zu hoch sind (Messstäbchen!),
▶ die anderen Wasserwerte (Temperatur, Härte, pH-Wert) stimmen,
▶ die Ernährung auf die Fische abgestimmt ist,
▶ die Belüftung ausreicht,
▶ der Filter einwandfrei funktioniert,
▶ der letzte Wasserwechsel länger als zwei Wochen zurückliegt,
▶ das Becken überbesetzt ist,

▶ Der Gelbe Zwergbuntbarsch ist gut für Einsteiger geeignet.

### TIPP

**Quarantänebecken**

▶ Um neue Zierfische erst einmal zu beobachten oder kranke Fische zu isolieren und separat zu behandeln, ist ein Quarantänebecken sinnvoll.
▶ Ein kleines Aquarium mit den Maßen 40 x 25 x 25 cm ist dafür ausreichend.
▶ Das Quarantänebecken sollte immer in Betrieb sein (kleiner Motor-Innenfilter, der schon eingefahren ist), braucht aber außer Versteckmöglichkeiten für scheue Fische und treibenden Wasserpflanzen (z. B. Nix- oder Hornkraut) keine weitere Einrichtung.

ihrem Aquarium plötzlich Krankheitsanzeichen zeigen, überprüfen sie stets als Erstes, ob eventuell ein Pflegefehler vorliegen kann.

# Fit-und-gesund-Programm
## DIE HÄUFIGSTEN KRANKHEITEN

> *Ein Friedlicher Kampffisch,* Betta imbellis, *imponiert mit aufgestellten Flossen vor einem Männchen der Wildform von* Betta pugnax. *In kleinen Aquarien sollte nur ein Männchen gehalten werden.*

➤ aggressive Fische andere jagen, ohne dass diese sich zurückziehen können.
Falls einer dieser Pflegefehler zutrifft, beheben Sie ihn so schnell wie möglich. Dann werden sich Ihre Fische bald wieder wohl fühlen.

## Infektionskrankheiten

Auch Infektionskrankheiten werden oft durch Pflegefehler ausgelöst. Falls die Fische sich, auch nachdem Sie Pflegefehler abgestellt haben, nicht normal verhalten, müssen Sie die Fische näher unter die Lupe nehmen, um Anzeichen einer Infektion festzustellen.

**Weißpünktchenkrankheit** (*Ichthyophthirius*): Sie ist die bekannteste Zierfischkrankheit. Der Fisch ist mit weißen, bis 1,5 mm großen Punkten auf der Körperoberfläche behaftet, scheuert sich häufig und atmet bei starkem Befall schneller. Bei den Erregern handelt es sich um einzellige Hautparasiten. Behandeln Sie sofort mit malachitgrün-oxalathaltigen Medikamenten aus dem Zoofachhandel (Gebrauchsanweisung genau beachten!). Die Krankheitserreger sind erst nach etwa 10 Tagen vernichtet. Deshalb ist es wichtig, die Behandlung auch dann fortzusetzen, wenn die Pünktchen bei den Fischen nicht mehr sichtbar sind. Ein frühzeitiges Absetzen der Medikamente kann dazu führen, dass die Krankheit erneut ausbricht.

**Goldstaub-Oodinium-Krankheit** (*Piscinoodinium*): Diese Erkrankung tritt besonders häufig bei Weichwasser-Kleinstfischen auf. Sie erkennen die Krankheit an

# Soforthilfe bei Pannen

## Es ist zu viel Futter ins Aquarium gelangt

▶ **Sofort:** Überschüssiges Futter absaugen; Teilwasserwechsel (→ Seite 38).

**Langfristig:** Die richtige Menge Trockenfutter in den Futterdosendeckel schütten, es erst dann ins Aquarium geben. Futterautomaten erleichtern ebenfalls die Dosierung. Eine Portion Frostfutter vorher auftauen und einen Teil verfüttern (→ Fütterungsregeln, Seite 41). Der Rest kann einen Tag im Kühlschrank aufbewahrt werden.

## Fische atmen offensichtlich schwer

▶ **Sofort:** Teilwasserwechsel vornehmen und einen Oxidator installieren (→ Seite 26). Heizung darf nicht zu stark heizen. Tote Fische und anderes Faulendes entfernen.

**Langfristig:** Regelmäßige Kontrolle der Wasserwerte, angemessene Fütterung, regelmäßiger Teilwasserwechsel, maßvoller Fischbesatz. In heißen Sommern den Aquarienstandort abschatten, um eine Überhitzung zu vermeiden.

## Weiße Pünktchen auf den Körpern der Fisch

▶ **Sofort:** Behandlung der Weißpünktchenkrankheit mit malachitgrünoxalathaltigen Medikamenten (→ Seite 43).

**Langfristig:** Die Weißpünktchenkrankheit kann zum Ausbruch kommen, wenn die Fische unter Stress durch schlechte Pflegebedingungen stehen oder wenn Erreger durch infizierte Neuzugänge ins Aquarium gelangen. Neuzugänge stets einige Zeit in einem separaten Becken beobachten (→ Tipp, Seite 42).

## Aquarium undicht, Wasser läuft aus

▶ **Sofort:** Restliches Aquarienwasser in Eimer oder Ersatzbecken leiten. Fische herausfangen und in Becken oder Eimer setzen. Pflanzen zu den Fischen geben. Eimer bzw. Becken abdecken und an einen warmen Platz stellen. Oxidator installieren.

**Langfristig:** Neues Glasbecken besorgen und mit dem eingefahrenen Aquarienwasser, Bodengrund, Filter etc. neu einrichten.

## Das Aquarienwasser riecht faulig

▶ **Sofort:** Tote Fische oder halb verwestes Futter entfernen. Teilwasserwechsel vornehmen, einen kleinen Oxidator installieren.

**Langfristig:** Regelmäßig den Beckenrand reinigen. So füttern, dass alles Futter gefressen wird. Stets die Anzahl der Fische überprüfen. Wasserwerte mit Messstäbchen kontrollieren, um einen Anstieg organischer Abfallprodukte zu entdecken.

## Unheilbar kranke ode verletzte Fische

▶ **Sofort:** Stark verletzte oder unheilbar kranke Fische aus dem Becken heraus fangen und tierschutzgerecht töten. Dazu dem Fisch mit einem schweren Gegenstand auf den Kopf schlagen, um ihn zu betäuben. Anschließend mit einem scharfen Messer dem Fisch die Wirbelsäule hinter dem Kopf durchtrennen.

**Langfristig:** Kranke Fische keinesfalls länger leiden lassen als nötig.

# Fit-und-gesund-Programm
## DIE HÄUFIGSTEN KRANKHEITEN

vielen winzigen bis 0,3 mm großen, weißen bis gelblichen Pünktchen, die sich wie Staub auf Flossen und Körper verteilen. Die Behandlung ist einfach: Geben Sie zwei bis vier Teelöffel jodfreies (!) Salz pro 10 Liter Wasser ins Aquarium. Wenn die Pünktchen verschwinden, entfernen Sie das Salz durch häufige Teilwasserwechsel – auch damit die Pflanzen nicht über Gebühr leiden.

**Fischtuberkulose:** Sie treibt den Leib der Fische auf, die Augen treten hervor, oft befinden sich unter der Haut rot durchscheinende, manchmal vor allem in der Kopfregion aufbrechende »Geschwüre« (Blutungen). Solche Fische können Sie nicht erfolgreich therapieren. Sie müssen aus dem Aquarium entfernt werden. Lediglich im Anfangsstadium können furazolidonhaltige Medikamente helfen. Lassen sie sich vom Zoofachhändler beraten.

**Hinweis:** Es gibt noch viele andere Krankheiten. Konsultieren Sie im Zweifelsfall unbedingt einen Tierarzt. Behandeln Sie niemals auf eigene Faust mit Breitbandmedikamenten. Damit können Sie Ihre Fische vergiften.

### Vergiftungen

Vergiftungen durch Pflegefehler wie etwa einem zu hohen Nitrit- oder Ammoniakwert durch nicht arbeitende Filterbakterien (→ Seite 25) und durch falsche oder überdosierte Medikamente kommen häufiger vor als infektiöse Krankheiten. Vergiftungen können Sie an folgenden Symptomen Ihrer Fische erkennen. Die Vergiftungsanzeichen können sowohl einzeln, als auch in Kombination auftreten:

➤ Atemprobleme (die Fische »hängen« unter der Wasseroberfläche und atmen dabei heftig),
➤ extreme Schreckhaftigkeit,
➤ Umherschießen der Fische im Becken,
➤ sehr auffällige überintensive Farben,
➤ Taumelbewegungen,
➤ Apathie.

Haben Sie die Vermutung, dass eine Vergiftung vorliegt, führen Sie umgehend Maßnahmen zur Wasserreinigung durch (→ Tabelle Soforthilfe bei Pannen, Seite 44).

**Hinweis:** Bei der Suche nach Pflegefehlern und Krankheitsursachen kommt man oft nicht so schnell auf den Gedanken, dass Vergiftungen schon durch das Leitungswasser verursacht werden können. Kupferionen aus Kupferrohren der Hauswasserleitungen (oft in Altbauten) oder ein hoher Chlorgehalt im Wasser (»Schwimmbadgeruch«) können zu schweren Vergiftungen Ihrer Zierfische führen. Wasser aus Kupferrohrleitungen dürfen Sie nicht als Aquarienwasser verwenden. Chlor entfernen Sie durch starke Belüftung des Wassers im Eimer oder indem Sie es einfach zwei Tage stehen lassen.

> Der Knurrende Zwerggurami gehört zu den kleinsten Labyrinthfischen.

45

# Fragen rund um Pflege und Krankheiten

**? Einige Tage nach der Neueinrichtung meines Aquariums kommt es plötzlich zu starkem Algenwuchs. Was kann ich dagegen tun?**
Die biologische Filterwirkung des Filters funktioniert noch nicht ausreichend (→ Seite 24) und auch die eingesetzten Pflanzen wachsen noch nicht richtig. Deshalb reichern sich Nährstoffe im Wasser an, die die Algen zum Wachstum nutzen. Zur Abhilfe wenden Sie am besten mehrere Maßnahmen gleichzeitig an: Filtern Sie die ersten Wochen zusätzlich über Aktivkohle. Entfernen Sie die Algen per Hand oder mit Algenschabern (im Zoofachhandel erhältlich) aus dem Aquarium. Setzen Sie schnellwüchsige Stängelpflanzen ein, die den Algen Konkurrenz bieten. Falls Nitrit- und Nitratwerte in Ordnung sind (→ Seite 28), setzen Sie unbedingt Algen fressende Fische ein. Wechseln Sie häufiger ein Drittel des Aquarienwassers aus, um überschüssige Nährstoffe zu entfernen.

**? Im Aquarium vermehren sich die Schnecken so stark, dass sie zur Plage werden. Was kann ich tun?**
Schnecken sind normalerweise nicht schädlich, außer dass sie gelegentlich an Wasserpflanzen nagen. Sie können versuchen, die Schneckenplage einzudämmen. Verwenden Sie auf keinen Fall chemische Schneckenbekämpfungsmittel! Sammeln Sie die Schnecken ab oder stellen Sie eine Schneckenfalle (im Zoofachhandel erhältlich) in das Aquarium. Füttern Sie sparsam. Normalerweise klingt die Massenvermehrung in einem eingespielten Becken wieder ab.

**? Trotz Wasserwechsel und Filterreinigung bleibt der Nitratwert in meinem Aquarium hoch (über dem Höchstwert von 50 mg/l). Woran kann das liegen?**
Es gibt verschiedene Möglichkeiten. Prüfen Sie, ob ihr Becken überbesetzt ist. Auch

*Der Gestreifte Prachtkärpfling ist ein leicht zu pflegender Killifisch.*

# Fit-und-gesund-Programm
## FRAGEN RUND UM DIE PFLEGE

das Leitungswasser, das Sie als Aquarienwasser verwenden, kann mit Nitrat belastet sein. Informieren Sie sich bei ihrem Wasser-Amt oder der Gemeinde. Falls nötig filtern Sie das Leitungswasser über eine Umkehrosmoseanlage, bevor Sie es im Aquarium verwenden (informieren Sie sich im Zoofachhandel!). Möglicherweise gibt es in Ihrem Aquarium irgendwo eine »Gammelecke« mit einem toten Fisch oder einer Ansammlung von Futterresten. In diesem Fall sind auch andere Schadstoffwerte gefährlich hoch. Entfernen Sie den toten Fisch oder die Futterreste und wechseln Sie in den nächsten Tagen täglich ein Viertel des Aquarienwassers aus, bis Sie wieder bessere Werte messen. Füttern Sie ein paar Tage nicht, außer Sie haben Jungfische oder Zwergarten unter 3 cm Länge im Becken. Richten Sie das Becken so ein, dass Sie Futterreste leicht entfernen können.

**? In meinem neu eingerichteten Aquarium wird das Wasser nach einigen Stunden oder sogar erst nach Tagen milchig trüb. Was hat das zu bedeuten?**

Kein Grund zur Besorgnis. Die Trübung beruht auf einer unschädlichen Massenvermehrung von Bakterien. Sie ist bei bestimmten Wasserwerten normal und wird nach einigen Stunden bis Tagen von ganz alleine wieder verschwinden.

**? Ich habe Fische gekauft, die deutlich größer geworden sind, als ich erwartet habe. Was soll ich jetzt tun?**

Sie haben wahrscheinlich nicht die Art erstanden, die sie eigentlich pflegen wollten. Möglicherweise haben Sie sich vor oder beim Kauf falsch informiert, oder Sie sind falsch beraten worden. Versuchen Sie, die Fische mit Hilfe eines guten Aquarienfisch-Bestimmungsbuches zu identifizieren. Großwüchsige Fische gehören unbedingt in ein größeres Aquarium. Die Tiere in einem kleinen Becken zu belassen wäre Tierquälerei. Vielleicht kennen Sie einen Aquarianer mit geeigneteren Pflegebedingungen, dem Sie die Fische anvertrauen. Wurden Sie falsch beraten, werden verantwortungsvolle Zoofachhändler die Fische zurücknehmen.

## MEINE TIPPS FÜR SIE

*Ulrich Schliewen*

### Urlaubsvertretung

➤ Reinigen Sie den Filter zwei Tage vor Ihrer Abreise.

➤ Nehmen Sie dann auch einen 50%igen Teilwasserwechsel vor (→ Seite 38).

➤ Setzen Sie einen Futterautomaten ein. Dosieren Sie sparsam, und füttern Sie etwas seltener, als wenn Sie zu Hause wären. So kann überschüssiges Futter das Wasser nicht belasten.

➤ Finden Sie eine zuverlässige Person, die bei längeren Urlauben als eine Woche den Futterautomaten nach jeweils einer Woche neu befüllt und die Aquarientechnik kontrolliert.

➤ Wenn Sie bei längerer Abwesenheit Ihre Fische mit Lebendfutter versorgen müssen oder wenn Sie Zwerg- oder Jungfische haben, müssen Sie eine zuverlässige Person finden, die Ihre Fische nach Ihren Angaben füttert.

➤ Füttern Sie kein so genanntes »Urlaubsdepotfutter«. Das versorgt die Fische nicht ausreichend.

# Gestaltungs-Programm

| | |
|---|---|
| **Ansprechend gestalten** | Seite 50–51 |
| **Einsteiger-Aquarium einrichten** | Seite 52–53 |
| **Südamerika-Gesellschaftsbecken** | Seite 54–55 |
| **Special »Frage & Antwort«** | Seite 56–57 |

# Ansprechend gestalten

Um ein schönes ästhetisches Aquarium zu gestalten, müssen Sie Ihre persönlichen Vorstellungen mit den Bedürfnissen der Fische und Pflanzen abstimmen.

## Einrichtung

**Bodengrund:** In ihm finden Pflanzen Halt und Nährstoffe. Außerdem leben Schadstoff abbauende Bakterien im Bodengrund. Panzerwelse und Barben gründeln gerne in Sand. Die Höhe des Bodengrunds sollte in einem bepflanzten Becken etwa 6 bis 8 cm betragen. Bei der Einrichtung geben Sie in die unterste Schicht etwas Depot-Pflanzendünger hinzu. Am besten bewährt hat sich relativ dunkler Kies mit einer Körnung von etwa 1 bis 3 mm, der weder scharfkantig noch kalkhaltig sein darf.

**Hintergrund:** Gut eignet sich schwarzes Tonpapier oder »Aquarienfototapete«. Beide werden von außen angebracht. Schöner sind naturnah gestaltete Profil-Innenrückwände (→ Foto, Seite 48).

**Wurzeln und Steine:** Sie schaffen eine »gemütliche« Umgebung für Fische, die Unterstände als Verstecke lieben. Nicht faulende Hölzer bietet der Zoofachhandel an. Wurzeln sollten vor dem Einbringen ins Aquarium einige Tage gewässert werden. Steine sollten kalkfrei sein. Steinaufbauten vorsichtig so aufbauen, dass sie nicht einstürzen können (Glasbruchgefahr).

> *Mit dem Javafarn lassen sich Wurzeln dekorativ bepflanzen.*

## CHECKLISTE

**Pflanzenpflege**

✔ Regelmäßig gelbe oder fleckige Blätter abschneiden, Stängelpflanzen kürzen, Schwimmpflanzen auslichten. So erhalten Sie ein schönes Pflanzenwachstum und ein gutes Wasserklima.

✔ Regelmäßig (das erste Mal 4 Wochen nach der Neueinrichtung) einen speziellen Wasserpflanzen-Flüssigdünger sparsam ins Aquarium geben (die Hälfte der auf der Packung angegebenen Dosis!).

✔ Wurzelpflanzen mit Depot-Düngertabletten nachdüngen, wenn das Wachstum nachlässt oder nur noch gelbe Blätter nachgeschoben werden.

✔ Alle 4 Wochen mit einem langen Stöckchen den Bodengrund vorsichtig durchstochern, um für Belüftung zu sorgen (dabei den Bodengrund nicht aufwühlen). Alternative: Besatz mit grabenden Turmdeckelschnecken.

✔ Setzen sie Ohrgitterharnischwelse der Gattung *Macrotocinclus* und Japanische Garnelen (*Caridina japonica*) ins Becken ein, damit die oft langsam wachsenden Blattpflanzen (und Dekorationsmaterialen und Scheiben) nicht veralgen.

# Gestaltungs-Programm
## ANSPRECHEND GESTALTEN

### ❯ 1  Wurzeln sind wichtig

Antennenwelse aus der Gattung *Ancistrus* sind hervorragende Algenfresser. Der abgebildete Blaue Harnischwels wird zu groß für ein 60 cm-Becken und ist deshalb nur als Jungtier für kleine Becken geeignet. Es gibt aber auch kleinere Arten (z. B. *Ancistrus claro*), die relativ häufig angeboten werden. Wurzeln im Aquarium sind für die Ernährung der Welse unerlässlich.

### ❯ 2  Falllaub wie in der Natur

Falllaubblätter im Aquarium simulieren einen natürlichen Lebensraumabschnitt in vielen tropischen Regenwaldgewässern. Der abgebildete Schmetterlingsbuntbarsch (*Mikrogeophagus ramirezi*) inspiziert gerade die Blattoberseite nach Fressbarem. Laubblätter bieten kleinen Fischen aber auch Verstecke, Ablaichmöglichkeiten und sie säuern das Aquarienwasser an.

**Pflanzen:** Für kleine Aquarien empfehle ich Ihnen einige klein bleibende anspruchslose Pflanzen, die nur bei extrem salzhaltigem oder sehr saurem Wasser kümmern. Man unterscheidet zwischen wurzelnden Pflanzen, die eine etwa 5 bis 6 cm dicke Bodengrundschicht aus mittelgrobem Kies benötigen, Aufsitzerpflanzen, die man auf Steine oder Wurzelholz aufbindet oder Schwimmpflanzen die als Stängel frei flutend im Wasser treiben bzw. spezialisierte Oberflächenpflanzen sind.

Zu den wurzelnden Pflanzen gehören: Schraubenvallisnerie (*Vallisneria spiralis*; Hintergrund, kein saures, weiches Wasser), Flutendes Pfeilkraut (*Sagittaria subulata*; Hintergrund, kein weiches, saures Wasser), Schwarze Schwertpflanze (*Echinodorus parviflorus*; große Solitärpflanze). Wendts Wasserkelch (*Cryptocoryne wendtii*; mittlerer Beckenbereich), Becketts Wasserkelch (*Cryptocoryne beckettii*; mittlerer Beckenbereich), Zwergschwertpflanze (*Echinodorus tenellus*; helle Bereiche im Vordergrund).

Aufsitzerpflanzen sind: Javafarn (*Microsorum pteropus*), Javamoos (*Vesicularia dubyana*), Stängelpflanzen (im Hintergrund oder schwimmend), Kleines Fettblatt (*Bacopa monnieri*), Indischer Wasserfreund (*Hygrophila polysperma*), Kriechende Ludwigie (*Ludwigia repens*). Zu den Schwimmpflanzen gehören: Brasilianischer Wassernabel (*Hydrocotyle leucocephala*), Hornkraut (*Ceratophyllum demersum*), Teichlebermoos (*Riccia fluviatilis*), Schwimmender Hornfarn (*Ceratopteris pterioides*).

# Einsteiger-Aquarium einrichten

Dieses Aquarium ist mit lebhaften schönen Fischen und Pflanzen besetzt, die keine gehobenen Ansprüche an die Wasserbedingungen stellen. Ideal also für Einsteiger unter den Aquarianern.

> *Zebrabärblinge sind besonders für Einsteigerbecken geeignet.*

## Was Sie brauchen

**Becken:** 60 x 30 x 35 cm mit
**Abdeckleuchte:** 1 x 18 W.
**Einrichtung:** 8 Liter feinkiesiger Bodengrund, teilweise mit 2 Liter Sanddecke; 1–2 Liter Eimer Depotdünger mit Kies vermischt; 1 Wurzel als Unterstand für Panzerwelse und Sand für die Welse; 1 Relief-Innenrückwand.
**Wasser:** Wassertyp 4 oder 5 (→ Tipp, Seite 28), Temperatur 26°C.
**Technik:** 1 Topf-Außenfilter; 1 Regelheizer; 1 Trockenfutterautomat; 1 Thermometer; 1 Zeitschaltuhr; 1 kleiner Oxidator (→ Seite 26).
**Pflege:** 1 x täglich, beispielsweise vormittags mit Futterautomat Flocken- oder Granulatfutter füttern; 1 x täglich, etwa abends vor dem Abschalten der Beleuchtung, Gefrier-, Grün- oder Lebendfutter füttern; täglich Fische beobachten; 1 x wöchentlich ein Drittel Wasser wechseln (→ Seite 38), Mulm absaugen und Algen von der Scheibe entfernen; etwas Pflanzendünger nachdosieren.

## Aquarium einrichten Schritt für Schritt

**Erster Schritt:** Aquarium auf einen stabilen Unterschrank mit einer dünnen (1 cm) Styropor- oder Schaumgummilage zwischen Schrank und Aquarienboden stellen. Innenrückwand nach Gebrauchsanweisung mit Silikonkautschuk einkleben, nach 48 Stunden ausspülen.
**Zweiter Schritt:** Heizung, Filter und Thermometer installieren, aber noch nicht in Betrieb nehmen!
**Dritter Schritt:** Den Depotdünger auf der Bodenscheibe ausbringen und dann eine etwa 5 cm dicke Lage Aquarienkies einbringen (Körnung 2 bis 3 mm, kalkfrei. Den Kies vorher im Eimer mit Leitungswasser so lange spülen, bis das ablaufende Wasser klar ist). Für die Panzerwelse wird zum Gründeln die Kiesschicht teilweise mit Sand bedeckt.
**Vierter Schritt:** Dann andere Dekorationsmaterialen, z. B. die Wurzel, an der endgültigen Stelle fest in die Kiesschicht drücken.
**Fünfter Schritt:** Vorsichtig etwa ein Drittel Wasser einlassen. Das Becken bepflanzen, indem Sie die gekauften Pflanzen vorsichtig so in den

## Gestaltungs-Programm
### EINSTEIGER-AQUARIUM EINRICHTEN

Bodengrund einbringen, dass die vorher etwas mit der Schere ein gekürzten Wurzeln unbeschädigt bleiben und der Wurzelhals der Rosettenpflanzen nicht im Bodengrund versinkt. Im Vordergrund sollte man keine hochwüchsigen Pflanzen einbringen, um den lebhaften Fischen freien Schwimmraum zu bieten (→ Pflanzen, Seite 51).

**Sechster Schritt:** Einen so genannten »Filterstarter« nach Dosierung in das Becken oder in den Filter (je nach Produkt unterschiedlich) geben, um den wichtigen Filterbakterien »auf die Sprünge« zu helfen.

**Siebter Schritt:** Füllen Sie das Becken völlig mit Wasser auf.

**Achter Schritt:** Nehmen Sie die Technik in Betrieb und lassen Sie das Becken mindestens zwei Wochen mit normaler Beleuchtung laufen. Dadurch kommen die Filterbakterien in Gang, die Pflanzen wachsen an – beides sorgt dann für ein fischfreundliches Milieu. Ohne die zwei Wochen »Einfahrzeit« werden Sie, trotz der Zugabe so genannter Starterbakterien, eine verhältnismäßig fischfeindliche Umgebung im Aquarium haben, weil Leitungswasser nicht »lebt«.

**Neunter Schritt:** Nach zwei Wochen Fische kaufen und sie im Beutel ins Aquarium geben. Lassen Sie den Beutel eine halbe Stunde zur Temperaturangleichung schwimmen. Danach etwa ein Drittel Aquarienwasser in den Beutel geben und ihn weitere 10 Minuten im Aquarium schwimmen lassen. Nun erst die Fische ins Becken entlassen. Auf diese Weise verhindern Sie, dass die Fische einen Schock bei ihrem Umgebungswechsel erleiden.

> *So kann ein schön eingerichtetes Einsteiger-Aquarium aussehen.*

## CHECKLISTE

### Fische und Pflanzen

**Fische**
- ✔ 12 Zebrabärblinge (*Danio rerio*)
- ✔ 5 Platys (*Xiphophorus maculatus*)
- ✔ 5 Ohrgitter-Harnischwelse (*Macrotocinclus hoppei*)
- ✔ 5 kleine Panzerwelse (Panda- oder Leopard-Panzerwelse, *Corydoras panda* oder *C. trilineatus*)

**Pflanzen**
- ✔ 10 Stängel Kriechende Ludwigie (*Ludwigia repens*)
- ✔ 10 Sagittarien (*Sagittaria subulata*)
- ✔ 2 x 5 klein bleibende Wasserkelche (*Cryptocoryne*- Arten)
- ✔ 1 Büschel Javamoos auf Holzwurzel aufgebunden

# Südamerika-Gesellschaftsbecken

Südamerikanische Zierfische gehören zu den beliebtesten und schönsten überhaupt. Das hier gezeigte Becken imitiert eine südamerikanische Fischgesellschaft in ihrem natürlichen Biotop.

> Es gibt verschiedene geeignete Arten von Ohrgitter-Harnischwelsen.

## Was Sie brauchen

**Becken:** 60 x 30 x 35 cm mit **Abdeckleuchte** (1 x 18 W Tageslicht-Leuchtstoffröhre).
**Fische:** 15 Rote Neon (*Paracheirodon axelrodi*); 6 Ziersalmler (*Nannostomus trilineatus* oder *N. marginatus*); 5 Ohrgitter-Harnischwelse (*Macrotocinclus hoppei*); 1 Paar Schmetterlingsbuntbarsche (*Mikrogeophagus ramirezi*).
**Pflanzen:** 10 Stängel Kriechende Ludwigie (*Ludwigia repens*); 3 Ranken Brasilianischer Wassernabel (*Hydrocotyle leucocephala*); 3 Amazonas-Schwertpflanzen, z. B. »Dschungelstar Nr. 3«; 1 Büschel Javamoos auf Holzwurzel aufgebunden.
**Einrichtung:** 1–2 Liter Depotdünger mit Kies gemischt; 8 Liter kalkfreier Flusssand; 1 Wurzel; 6 trockene Blätter (Geigenblatt-Gummibaum); 1 Relief-Innenrückwand.
**Wasser:** Wassertyp 2 (eventuell Torffilterung), Temperatur 28°C.
**Technik:** 1 Motor-Innenfilter; 1 Regelheizer; 1 Futterautomat; 1 Thermometer; 1 Zeitschaltuhr; 1 kleiner Oxidator.

## Aquarium einrichten Schritt für Schritt

Die Einrichtungsschritte gleichen denen eines Einsteigerbeckens (→ Seite 52), folgende ergänzende Tipps sind nützlich:
**Falllaub im Aquarium:** Die meisten Urwaldfische, z. B. die reflektierenden Neon-

### TIPP

**Pflege des Südamerika-Beckens**

▶ 1 x täglich, z. B. vormittags mit Futterautomat Flocken- oder Granulatfutter füttern.

▶ 1x täglich, z. B. abends vor dem Abschalten der Beleuchtung eine andere Futtersorte füttern (Gefrierfutter, Grünfutter, Lebendfutter).

▶ 1 x täglich Fische beobachten.

▶ 1 x wöchentlich ein Drittel Wasser wechseln, Mulm absaugen und Algen von der Scheibe entfernen; Pflanzendünger vorsichtig nachdosieren.

# Gestaltungs-Programm
## SÜDAMERIKA-GESELLSCHAFTSBECKEN

> *Ein Südamerika-Gesellschaftsbecken mit Panzerwelsen sollte auch Sandbodenbereiche haben, die die Fische zu natürlichem Nahrungsverhalten stimulieren.*

fische stammen aus relativ dunklen Urwaldbächen mit klarem Wasser. Der Bodengrund dieser Bäche ist mit Falllaub bedeckt, das für gute Wasserqualität sorgt. Er bietet Nahrungsgrundlage für viele Kleintiere, aber auch Rückzugs- und sogar Ablaichmöglichkeiten für die Fische. Diese Umwelt können Sie imitieren, indem Sie trockenes Laub im Herbst oder Winter von Rotbuchen absammeln, oder Laub von Geigenblatt-Gummibäumen verwenden. Kochen Sie das Laub kurz ab, damit es absinkt. Es verrottet mit der Zeit und muss dann durch neues ersetzt werden. Bei regelmäßigem Wasserwechsel sorgt es für eine optimale Umgebung, vor allem für Weichwasserfische Südamerikas.

**Sandboden im Aquarium:** Der natürliche Bodengrund in Savannen- oder Regenwaldbächen des südamerikanischen Tieflandes besteht oft aus feinem Sand. Falls Sie Depotdünger verwenden, wachsen dort auch alle Aquarienpflanzen. Damit es in diesem Bodengrund trotz der feinen Porengröße nicht fault, ist es wichtig, regelmäßig (bei jedem zweiten Wasserwechsel) mit einem Holzstöckchen den Bodengrund vorsichtig aufzulockern, ohne dass Pflanzen entwurzelt werden oder der Bodengrund zu stark aufgewirbelt wird. Auf diese Weise kommt Sauerstoff in den Bodengrund. Alternativ können statt der Buntbarsche auch Panzerwelse eingesetzt werden, die den Bodengrund oberflächlich durchpflügen.

# Fragen rund um die Gestaltung

**❓ Welche Steine kann ich im Aquarium zur Dekoration verwenden?**
Da die meisten Aquarienfische keinen hohen Kalkgehalt im Wasser mögen, wählen Sie nur solche Steine aus, die keine Härtebildner an das Wasser abgeben. Geeignete Steine sind: Schiefer, Porphyr und Granit. Auch andere Steine können geeignet sein. Überprüfen Sie den Kalkgehalt folgendermaßen: Geben Sie ein wenig Essig auf den ausgewählten Stein. Schäumt es, enthält er Kalk. Kalkhaltiges Gestein ist nur für Hartwasserfische, die den Wassertyp 5 und 6 bevorzugen (→ Seite 28), geeignet.

Grundsätzlich sollten Aquariensteine keine metallischen Einschlüsse haben. Solche Steine können giftige Schwermetalle enthalten.

**❓ Welche Versteckmöglichkeiten – außer Steinen – kann ich meinen Fischen anbieten?**
Verstecke z. B. für Zwergbuntbarsche, können Sie aus einer Kokosnussschale selber fertigen, indem sie die Kokosnuss durchsägen, das Fruchtfleisch sorgfältig entfernen, die Schale auskochen und ein oder zwei größere Löcher, durch die die Fische passen, hineinbohren. Röhrenförmige Verstecke für Welse und Schmerlen können Sie entweder als getöpferte Ware im Handel erwerben, oder aus Ton selber formen und bei einem Töpfer zum Brennen geben. Auch unbehandelte Bambusrohre eignen sich als natürlich aussehende Verstecke, wenn sie diese anfänglich mit einem Stein beschweren, damit sie nicht auftreiben. Schließlich bieten viele Aquarienwurzeln Höhlungen, die von vielen Fischen gerne angenommen werden.

**❓ Was muss ich bei Steinaufbauten, die ich als Verstecke für meine Fische gestalten möchte, beachten?**
Beim Einbringen von Steinaufbauten sind zwei Dinge zu beachten. Erstens sollten Sie schwere Steine nie direkt auf die Bodenscheibe des Aquariums legen, weil diese springen könnte. Am besten legen Sie eine dünne Styroporplatte von etwa 0,5 cm Dicke unter die Steine. Zweitens sollten

*Kardinalfische sind robust, vertragen aber keine zu hohen Temperaturen.*

## Gestaltungs-Programm
### FRAGEN RUND UM DIE GESTALTUNG

Sie Steinaufbauten so zusammenfügen, dass sie nicht einstürzen können. Falls sich die Steine nicht sicher ineinander verkeilen lassen, können Sie sie mit Silikonkautschuk oder speziellem Aquarienmörtel verkleben. Geben Sie Aufbauten aber erst nach gründlicher Wässerung und Aushärtung des Klebers in das Aquarium und verwenden sie keinesfalls anderen Kleber als die oben genannten.

**? Wie kann ich mit Bambus- oder Tonkinstäbchen eine natürlich wirkende Dekoration schaffen?**

Mit diesen beiden Materialien können Sie eine Schilf-Landschaft imitieren. Um sie dauerhaft zu befestigen, verwenden Sie eine weichmacherfreie PVC-Platte oder dicke PVC-Folie sowie unlasierte, dünne Bambus- oder Tonkinstäbchen (Heimwerker- oder Bastlerbedarf). Sägen Sie die Stäbe auf Aquarienhöhe zu und kleben Sie sie mit Aquarien-Silikonkautschuk auf die PVC-Unterlage. Nach 48 Stunden die Klebestelle in einem Eimer einen Tag wässern. Danach verwenden Sie sie zur Einrichtung bevor sie die Kiesschicht einbringen.

**? Wie befestige ich Aufsitzerpflanzen so, dass sie nicht an die Aquarienoberfläche treiben?**

Um Javamoos, Javafarn bzw. Anubias auf Wurzeln oder Steinen zu befestigen, binden Sie die Pflanzen mit Hilfe eines Baumwollfadens vorsichtig fest. Später wachsen die Wurzeln der Pflanzen am Untergrund fest. Der Baumwollfaden verrottet.

**? Wie verhindere ich, dass Schwimmpflanzen im Filterstrom durcheinander gewirbelt werden?**

Es gibt mehrere Möglichkeiten: Entweder Sie installieren den Filterausstrom so, dass er deutlich unter der Wasseroberfläche austritt. Oder Sie pflanzen stängelartige Schwimmpflanzen, z. B. Brasilianischer Wassernabel, im Bodengrund ein. Er bildet Schwimmblätter an der Oberfläche aus. Schließlich können Sie auch durch eine kleine Wurzel an der Oberfläche, die sie mit Saugnäpfen und Nylonfaden an den Aquarienseitenscheiben befestigen, einen Teil abgrenzen, der nicht von der Filterströmung erfasst wird. Dort bringen Sie die Schwimmpflanzen ein.

## MEINE TIPPS FÜR SIE

Ulrich Schliewen

### Jungfischaufzucht

Jungfische, die nicht von Brut pflegenden Eltern versorgt werden, so aufziehen:

▶ Ein 30 cm-Becken mit Wasser aus dem Haltungsbecken füllen und mit einem Luft betriebenen Schaumstofffilter und einem 25 W Regelheizer ausstatten; *Artemia*-Zucht ansetzen.

▶ Jungfische z. B. mit einer Schöpfkelle fangen, in einen Plastikbecher setzen und in das vorbereitete Becken überführen.

▶ Mehrmals täglich mit *Artemia*-Nauplien und zurückhaltend mit Jungfisch-Trockenfutter füttern.

▶ Täglich mit einem Luftschlauch Schmutz vom Boden absaugen und das abgesaugte Schmutzwasser durch vorbereitetes Wasser gleicher Qualität ersetzen (nicht mehr als ein Viertel des Beckeninhalts).

▶ Wenn Sie gezielt Fische nachzüchten möchten, unbedingt spezielle Fachliteratur zu Rate ziehen.

**Halbfett** gesetzte Seitenzahlen verweisen auf Abbildungen, U = Umschlagseite.

## A
| | |
|---|---|
| Algenwuchs | 46 |
| Ammoniak | 28 |
| -vergiftung | 35 |
| *Aphyosemion* | |
| *-australe* | 13, **14** |
| *-striatum* | 13, **46** |
| *Apistogramma borellii* | 13, **42** |
| *Aplocheilichthys macrophthalmus* | 17, **19** |
| Aquarien gestalten | 50 |
| Artaquarium | 21 |
| *Artemia*-Nauplien | 31, 40 |
| Arten, großwüchsige | 21, 47 |
| Atmen, schweres | 44, 45 |
| Aufhärten des Wassers | 34 |
| Aufzucht | 57 |
| Ausstattung | 24 |
| Auswahl der Fische | 65 |

## B
| | |
|---|---|
| Bäche | 6 |
| Bambusstäbchen | 57 |
| Becken | 24, 27 |
| -rückwand | 50 |
| –, undichtes | 44 |
| Beleuchtung | 27 |
| Beobachten | 64 |
| *Betta* | |
| – *imbellis* | 13, **43** |
| – *pugnax* | **43** |
| Bitterlingsbarbe | 9, **11** |
| Bodenfische | 12, 13, **14**, 15 |
| *Boraras maculata* | **U4** |
| *Brachygobius doriae* | 17, **19** |
| Brackwasserlagunen | 7 |
| Brevis-Schneckencichlide | 13, **34** |
| Brutpflege | 8, 57 |

## C
| | |
|---|---|
| *Carinotetraodon cf. travancoricus* | 17, **19** |
| *Colisa* | |
| – *chuna* | 13, **22** |
| – *lalia* | 13, **26** |
| *Copella arnoldi* | 9, **20** |
| *Corydoras* | |
| – *hastatus* | 17, **19** |
| – *panda* | 13, **15** |

## D
| | |
|---|---|
| *Danio rerio* | 9, **11**, 52 |
| Dornaugen | 13, **15** |

## E
| | |
|---|---|
| Einhänge-Außenfilter | 25 |
| Einrichten | 50–57 |
| Einsteiger Aquarium | 52, **53** |
| *Elassoma evergladei* | 17, **30** |
| Eleganter Zwergkärpfling | 17, **19** |
| *Enneacanthus spec.* | 17, **33** |
| *Epiplatys dageti* | 15 |
| Ernährung | 30, 40 |

## F
| | |
|---|---|
| Filter | 24, 46 |
| -arten | 25 |
| -bakterien | 39 |
| -pflege | 39 |
| Fische, kranke | 44 |
| Fische, verletzte | 44 |
| Fischtuberkulose | 45 |
| Flachwasserzonen | 6 |
| Freiwasserfische | 8, 9, **10**, **11** |
| Friedlicher Kampffisch | 13, **43** |
| Flossensauger | 17, **31**, **40** |
| Frostfutter | 30 |
| Fünfgürtelbarbe | **8**, 9 |
| Futter | 30, 40 |
| -automat | **41** |
| –, Frost- | 30 |
| –, Grün- | 30 |
| –, Lebend- | 30 |
| –, Pflanzen- | 30 |
| -qualität | 31 |
| –, Trocken- | 30 |
| Füttern | 41, 65 |

## G
| | |
|---|---|
| Garnelen | 41 |
| *Gastromyzon spec.* | 17, **31**, **40** |
| Gelber Zwergbuntbarsch | 13, **42** |
| Gepunktetes Blauauge | 17, **29** |
| Gestreiftes Dornauge | 13, **15** |
| Gestreifter Prachtkärpfling | 13, **46** |
| Gestreifter Schneckencichlide | 13, **36** |
| Glühlichtsalmer | **2** |
| Goldener Zwergkugelfisch | 17, **19** |
| Goldringelgrundel | 17, **19** |
| Goldstaub-Oodinium-Krankheit | 43 |
| Grindal-Würmer | 31, 41 |
| Großwüchsige Arten | 21, 47 |
| Grundausstattung | 24 |
| Grünfutter | 30 |
| Guppy | 9, **11** |

## H
| | |
|---|---|
| Heizung | 26 |
| *Hemigrammus erythrozonus* | **2** |
| Hengels Keilfleckbärbling | 27 |
| Hexenwels | 13, **15**, **32** |
| Honigfadenfisch | 13, **22** |
| *Hyphessobrycon* | |
| – *megalopterus* | 9, **28** |
| – *rosaceus* | 9, **11** |
| – *roseus* | **16**, 17 |

## I
| | |
|---|---|
| *Ichthyophthirius* | 43, 44 |
| Infektionskrankheiten | 43 |
| *Iriatherina werneri* | 9, **11** |

## J
| | |
|---|---|
| Javafarn | **50** |
| Jungfischaufzucht | 57 |

## K
| | |
|---|---|
| Kaisersalmler | 9, **10** |
| Kap Lopez | 13, **14** |
| Karbonathärte | 38 |
| Kardinalfisch | 9, **56** |
| Keilfleckbarbe | **7**, 9 |
| Killifische | 12 |
| Kleinkrebse | 30 |
| Knurrender Zwerggurami | 17, **45** |
| Kombi-Messstäbchen | 38 |
| Krankheiten | 42–47 |
| Krankheitsanzeichen | 42 |

## L
| | |
|---|---|
| *Lamprologus* | |
| – *brevis* | 13, **34** |
| – *multifasciatus* | 13, **36** |
| Lebendfutter | 30, 40 |

# Anhang
## REGISTER

Lebend gebärende Zahnkarpfen 8
Lebensrhythmus 65
Leopardpanzerwels 13, **15**

### M
*Macrotocinclus spec.* **12**, 13
Messwerte 38
*Microsorum pteropus* **51**
*Mikrogeophagus ramirezi* 13,**14**
Mückenlarven 31

### N
Nachzuchten 20
Nahrung 30, 40
Namen, deutsche 20
Namen, lateinische 20
*Nannostomus marginatus mortenthaleri* 17, **18**
*Nematobrycon palmeri* 9, **10**
*Neoheterandria elegans* 17, **19**
*Neolamprologus multifasciatus* **33**
Neonfisch 9, **39**
Nitrat 28, 38, 46
Nitrit 28, 38

### O
Oberflächenfische 12, 13, **14**, 15
Ohrgitter-Harnisch-wels **12**, 13, 5**4**
*Otocinclus cf. affinis* **55**
Oxidator 26

### P
Panda-Panzerwels **15**
*Pangio spec.* 13, **15**
Pannenhilfe 44
Panzerwels **33**
*Paracheirodon*
 – *axelrodi* 9, **10**
 – *innesi* 9, **39**
Pastellgrundel **1/2**, 13, **15**
Pflanzen 51, 65
 –, Aufsitzer- 50
 – befestigen 57
 -futter 30
 -pflege 51
 –, Schwimm- 51
 –, wurzelnde 51
pH-Wert 28
*Piscinoodinium* 43

*Pseudepiplatys annulatus* 17, **18**
*Pseudomugil gertrudae* 17, **29**
*Puntius*
 – *pentazona* **8**, 9
 – *titteya* 9, **11**
Platy **4**, 9
*Poecilia reticulata* **3**, 9, **11**

### Q
Quarantänebecken 42
Querbandhechtling 13, **15**

### R
Regelheizer **24**
Regenwasser 34
Restevertilger 41
Revierfische 12, 13, **14**, 15
*Rhinogobius wui* 17, **32**
*Rineloricaria cf. lanceolata* 13,**15**, 32
Rosensalmler **16**, 17
Roter Hexenwels **15**, 32
Roter Neon 9,**10**, U1
Roter Peru-Ziersalmler 17, **18**

### S
Schmetterlingsbuntbarsch 13,**14**
Schmucksalmler 9,**11**
Schnecken 41, 46
Schneckenbuntbarsch **33**
Schneckenfriedhöfe 7
Schwarzer Phantomsalmler 9, **28**
Schwimmpflanzen 57
Sichelfleck-Panzerwels 17,**19**
Spezialisten 16, 17, **18**, 19
Spritzsalmler 9, **20**
Steinaufbauten 56
Steine 50, 56
Stillwasserbereiche **6**, 6
Südamerika-Gesellschafts-becken 54, **55**
Süßwassernadel **33**

### T
*Tanichthys albonubes* 9, **56**
*Tateurndina ocellicauda* **1/2**, 13, **15**
Technische Ausstattung 24–27
Teilwasserwechsel 38
Tonkinstäbchen 57

Torffilterung 35
Töten kranker Fische 44
*Trichopsis pumila* 17, **45**
*Trigonostigma*
 – *hengeli* **27**
 – *heteromorpha* **7**
Trockenfutter 30
Tubifex 31

### U
Urlaubsversorgung 47, 65

### V
Vergesellschaftung 20, 21
Vergiftungen 45
Verhalten **32, 33**
Versteckmöglichkeiten 56

### W
Wasser 28–29, 38–39
 -härte 29
 -pflege 38
 -qualität 28
 –, Regen- 34
 -temperatur 28
 -typ 28
 -wechsel 38, 39, 64
Weißkehlgrundel 17, **32**
Weißpünktchenkrankheit 43, 44
Werners Regenbogenfisch 9, **11**
Wildfänge 20
Wurzeln 50

### X
*Xiphophorus maculatus* **4**, 9

### Z
Zebrabärbling 9, **11**, 17, **52**, U4
Zierfischzüchtereien 20
Zucht 57
Zwerg
 -arten 16, 17, **18**, 19
 -bärbling **U4**
 -fadenfisch 13, **26**, U4
 -kärpfling 17, **19**
 -leuchtauge 17, **19**
 -ringelhechtling 17, **18**
 -schwarzbarsch 17, **30**
 -süßwassernadel 17, **33**
 -ziersalmler 17, **19**

59

## Adressen
**Verbände/Vereine**
▶ Verband Deutscher Vereine für Aquarien- und Terrarienkunde e.V. (VDA), Geschäftsstelle: Hans Stiller, Luxemburger Str. 16, 44789 Bochum, www.vda-online.de
*Der VDA gibt Auskunft über aktuelle Adressen von Aquarienverbänden in Ihrem Wohnbereich und hilft weiter bei Vermittlung von Kontakten (z. B. bei der Beschaffung von seltenen Fischen).*
▶ Bundesverband für fachgerechten Natur- und Artenschutz e.V. (BNA), PF 1110, 76707 Hambrücken, www.bna-ev.de
▶ Österreichischer Landesverband für Vivaristik & Ökologie (ÖVVÖ), Franz Scherleitner, Raiffeisengasse 19, A-7201 Neudörfl, www.oevvoe.at
▶ Institut für Zoologie, Fischereibiologie und Fischkrankheiten der Tierärztlichen Fakultät LMU München, Kaulbachstr. 37, 80539 München, www.vetmed.uni-muenchen.de/zoofisch

**Aquaristik im internet**
▶ www.bfn.de
*Das Bundesamt für Naturschutz erteilt Auskünfte zu Arten- und Naturschutzfragen.*
▶ www.aquaristik-forum.de
▶ www.aquarium-online.net
*Hier finden Sie viele Tipps und Informationen rund um die Aquaristik.*

**Fragen zur Aquaristik beantworten**
▶ Ihr Zoofachhändler und der Zentralverband Zoologischer Fachbetriebe Deutschlands e.V. (ZZF), Rheinstr. 35, 63225 Langen, Tel. 06103/ 910732 (nur telefonische Auskunft möglich), www.zzf.de

## Sachversicherungen
▶ Deutscher Ring, Ludwig-Erhard-Str. 22, 20459 Hamburg, www.deutscher-ring.de
▶ Z.O.F., Am Hang 34, 31008 Elze, www.zof-finanz.de

## Bücher
▶ Kokoscha, M: Labyrinthfische. Ulmer Verlag, Stuttgart
▶ Pinter, H: Handbuch der Aquarienfischzucht. Ulmer Verlag, Stuttgart
▶ Schliewen, U.: Aquarienfische von A bis Z. Gräfe und Unzer Verlag, München.
▶ Steinle, C.: Barben und Bärblinge. Ulmer Verlag, Stuttgart.

## Zeitschriften
▶ DATZ. Aquarien- und Terrarien-Zeitschrift. Ulmer Verlag, Stuttgart
▶ Das Aquarium. Birgit Schmettkamp Verlag, Bornheim
▶ Aquaristik Fachmagazin und Aquarium heute. Tetra Verlag, Berlin

## Dank
Wir danken der Firma Eheim, Deizisau für die freundliche Unterstützung und die Bereitstellung der Aquarien und der technischen Ausstattung für die Fotoproduktion.

**AN UNSERE LESER**
▶ Die in diesem Buch beschriebenen elektrischen Geräte für die Aquarienpflege müssen mit dem gültigen TÜV-Zeichen versehen sein.
▶ Beachten Sie die Gefahren im Umgang mit elektrischen Geräten und Leitungen, besonders in Verbindung mit Wasser.
▶ Die Anschaffung eines elektronischen Fehlstrom-Überwachungsgerätes oder Fehlstrom-Schutzschalters ist empfehlenswert.

# Anhang
## ADRESSEN, AUTOR, IMPRESSUM

### Der Autor
Ulrich Schliewen studierte Biologie mit Schwerpunkt Zoologie an der Uni München. Heute arbeitet er als Ichthyologe (Fischkundler) an der Zoologischen Staatssammlung München. Er hat viele Fachbeiträge in Aquarienzeitschriften und Bücher veröffentlicht.

### Die Fotografen
Bork: 15 o. re., 16, 18 li., 28, 30, 45; Bürcher: 14 re., 33 u.; Giel: 24, 25, 38, 41, 48/49, 51, 52, 53, 54, 55; Hartl: 11 u. mi., 19 u. li., 29, 31, 32 li.; Hecker: 15 u. li., 50, 64; Linke: 43; Lucas: 42; Peither: 26; Werner 6, 11 o. li., o. re., 32 re.; Zarlo: 19 u. re.; Kahl: alle übrigen Bilder

### > GU-Experten-Service
Haben Sie Fragen zu Haltung und Pflege? Dann schreiben Sie uns (bitte Adresse angeben). Unser Experte Ulrich Schliewen hilft Ihnen gern weiter. Unsere Adresse finden Sie rechts.

© 2004 Gräfe und Unzer Verlag GmbH, München. Alle Rechte vorbehalten. Nachdruck, auch auszugsweise, sowie Verbreitung durch Bild, Funk, Fernsehen und Internet, durch fotomechanische Wiedergabe, Tonträger und Datenverarbeitungssysteme jeder Art nur mit schriftlicher Genehmigung des Verlages.

Redaktion: Gabriele Linke-Grün, Judith Starck
Layout: independent Medien-Design, München
Satz: Uhl + Massopust, Aalen
Produktion: Bettina Häfele
Repro: Fotolito Longo, Bozen
Druck und Bindung: Kaufmann, Lahr
Printed in Germany
ISBN 3-7742-6133-4

| Auflage | 4. | 3. | 2. | 1. |
|---|---|---|---|---|
| Jahr | 2007 | 06 | 05 | 04 |

Ein Unternehmen der
GANSKE VERLAGSGRUPPE

### Das Original mit Garantie
Ihre Meinung ist uns wichtig. Deshalb möchten wir Ihre Kritik, gerne aber auch Ihr Lob erfahren. Um als führender Ratgeberverlag für Sie noch besser zu werden. Darum: Schreiben Sie uns! Wir freuen uns auf Ihre Post und wünschen Ihnen viel Spaß mit Ihrem GU-Ratgeber.

Unsere Garantie: Sollte ein GU-Ratgeber einmal einen Fehler enthalten, schicken Sie uns das Buch mit einem kleinen Hinweis und der Quittung innerhalb von sechs Monaten nach dem Kauf zurück. Wir tauschen Ihnen den GU-Ratgeber gegen einen anderen zum gleichen oder ähnlichen Thema um.

Ihr Gräfe und Unzer Verlag
Redaktion Haus & Garten
Stichwort: Tierratgeber
Postfach 86 03 25
81630 München
Fax: 0 89/41 98 1-1 13
E-Mail:
leserservice@
graefe-und-unzer.de

# Meine Aquarienfische

Aquarientyp: _____

So füttere ich meine Fische:

_____

_____

_____

Größe und Literzahl:

_____

_____

_____

Filtertyp und Filtermaterial:

_____

_____

_____

Technische Geräte:

_____

_____

_____

Aquarienfische:

_____

_____

_____

Mein Zoofachhändler:

_____

_____

_____

# GU TIERRATGEBER
*damit es Ihrem Heimtier gut geht*

ISBN 3-7742-5765-5
*64 Seiten | € 7,90 [D]*

ISBN 3-7742-5586-5
*64 Seiten | € 7,90 [D]*

ISBN 3-7742-5664-0
*64 Seiten | € 7,90 [D]*

ISBN 3-7742-5588-1
*64 Seiten | € 7,90 [D]*

ISBN 3-7742-5764-7
*64 Seiten | € 7,90 [D]*

*Tierisch gut! Die Welt der Heimtiere entdecken und alles erfahren, was man schon immer über sie wissen wollte. So klappt das Miteinander von Anfang an – mit Wohlfühl-Garantie fürs Tier.*

**WEITERE LIEFERBARE TITEL BEI GU:**

➤ **GU TIERRATGEBER:** Das Aquarium, Fische für den Gartenteich, Kois, Erlebnis-Aquarium, Guppy, Platy, Molly

➤ **GU MEIN HEIMTIER:** Aquarienfische

Gutgemacht. Gutgelaunt.

## *1* ► TÄGLICH BEOBACHTEN

Ebenso wichtig wie die richtigen Pflegebedingungen ist das ständige Beobachten der Fische. Wenn Sie **Ihre Pfleglinge** gut kennen, können Sie nicht nur Geheimnisse ihres Verhaltens entschlüsseln, sondern auch **Pflegefehler** an Verhaltensveränderungen feststellen.

# Wohlfühl-Garantie für Aquarienfische

## *4* ► WASSERWERTE ABSTIMMEN

Jede Fischart mag unterschiedliche Wasserwerte. Bei der **Vergesellschaftung** mehrerer Arten müssen Sie das Wasser auf einen Kompromissbereich abstimmen. Manche Arten haben so **verschiedene Ansprüche**, dass man sie nicht gemeinsam pflegen kann.

## *7* ► NICHT ZU VIELE FISCHE

Ein kleines Aquarium verträgt keine hohe Anzahl an Fischen, weil das **Wasservolumen** zu gering ist. Deshalb ist die Beschränkung auf **wenige Arten** in kleinen Becken sinnvoll und ermöglicht die Entfaltung auch solcher Arten, die bei zu viel Gesellschaft »untergehen«.

## *8* ► WASSERWECHSEL

Wasser ist für Fische das gleiche wie für uns die Luft zum Atmen. Um angereicherte Schadstoffe aus dem **Aquarienkreislauf** zu entfernen, die die Filterung nicht bewältigen kann, ist 1 bis 2-mal pro Woche ein **Teilwasserwechsel** nötig. Die Fische danken dies mit mehr Vitalität.